O conspirador

Dados Internacionais de Catalogação na Publicação (CIP)
(Câmara Brasileira do Livro, SP, Brasil)

Machiavelli, Nicollò, 1469-1527
  O conspirador / Nicolau Maquiavel ; tradução e notas de Hingo Weber. – Petrópolis, RJ : Vozes, 2019. – (Coleção Vozes de Bolso)

  Título original : Discorsi sopra la prima deca di Tito Livio / libro terzo.
  Bibliografia.
  ISBN 978-85-326-6133-3

  1. Política – Obras anteriores a 1800 2. Tito Lívio. Ab urbe condita I. Weber, Hingo II. Título. III. Série.

19-25697   CDD-320.09

Índices para catálogo sistemático:
1. Política : História   320.09

Cibele Maria Dias – Bibliotecária – CRB-8/9427

Nicolau Maquiavel

O conspirador

Tradução e notas de Hingo Weber

Vozes de Bolso

Título do original em italiano: *Discorsi sopra la prima deca di Tito Livio / libro terzo.*

© desta tradução:
2019, Editora Vozes Ltda.
Rua Frei Luís, 100
25689-900 Petrópolis, RJ
www.vozes.com.br
Brasil

Todos os direitos reservados. Nenhuma parte desta obra poderá ser reproduzida ou transmitida por qualquer forma e/ou quaisquer meios (eletrônico ou mecânico, incluindo fotocópia e gravação) ou arquivada em qualquer sistema ou banco de dados sem permissão escrita da editora.

CONSELHO EDITORIAL

Diretor
Gilberto Gonçalves Garcia

Editores
Aline dos Santos Carneiro
Edrian Josué Pasini
Marilac Loraine Oleniki
Welder Lancieri Marchini

Conselheiros
Francisco Morás
Ludovico Garmus
Teobaldo Heidemann
Volney J. Berkenbrock

Secretário executivo
João Batista Kreuch

Editoração: Leonardo A.R.T. dos Santos
Diagramação: Sheilandre Desenv. Gráfico
Revisão gráfica: Nilton Braz da Rocha / Nivaldo S. Menezes
Capa: Ygor Moretti

ISBN 978-85-326-6133-3

Editado conforme o novo acordo ortográfico.

Este livro foi composto e impresso pela Editora Vozes Ltda.

A Osvino Bruno Weber.

Alla scuola che mi è stata la città di Sarandi.

Hingo Weber

Sumário

1 Querendo que uma religião ou uma república viva longamente é necessário fazê-la voltar, frequentemente, ao seu princípio, 13

2 De como é algo sapientíssimo simular, por um tempo, a loucura, 19

3 Como é necessário, querendo manter uma liberdade reconquistada, amassar os filhos de Bruto, 21

4 Não vive seguro um príncipe em um principado enquanto viverem aqueles que foram espoliados por ele, 25

5 Aquilo que faz um rei perder um reino do qual seja herdeiro, 27

6 Das conspirações, 29

    6.1 Conspirações contra o príncipe, 30

    6.2 Conspirações contra a pátria, 49

7 De onde nasce que as variações da liberdade à servidão e da servidão à liberdade, uma seja sem sangue e a outra seja plena, 55

8 Quem quer alterar uma república deve considerar a sua matéria humana, 57

9 Como convém variar com os tempos, querendo ter sempre boa sorte, 61

10 Que um capitão não pode fugir da batalha quando o adversário a quer fazer de qualquer modo, 64

11 Quem tem que guerrear contra muitos, ainda que seja inferior, vence, desde que possa conter os primeiros ímpetos, 69

12 Como um capitão prudente deve impor a necessidade de combater aos seus soldados, e tolhê-la aos soldados dos inimigos, 72

13 Em quem seria melhor confiar, ou em um bom capitão que tenha um exército débil, ou em um bom exército que tenha um capitão débil, 77

14 Que efeito produzem as novas invenções que aparecem no meio da batalha e as novas vozes de comando que são ouvidas, 80

15 Que um e não muitos devem ser prepostos a um exército, e como o excesso de comandantes é prejudicial, 84

16 Que se há de encontrar a verdadeira *virtù* nos tempos difíceis; e, nos tempos fáceis, não os homens virtuosos, mas aqueles que por riqueza ou relações de parentesco são mais afortunados, 86

17 Que não se ofenda alguém e, depois, confie-se a esse mesmo um cargo de importância na administração e no governo, 90

18 Nenhuma coisa é mais digna de um capitão do que prever as estratégias dos inimigos, 92

19 Se, ao comandar uma multidão, é mais necessária a benevolência do que a punição, 96

20 Um exemplo de humanidade pôde mais sobre os faliscos do que toda a força romana, 98

21 De onde nasce que Aníbal, com modo de proceder diverso de Cipião, obteve os mesmos efeitos na Itália do que aquele na Espanha, 100

22 Como a severidade de Mânlio Torquato e a humanidade de Valério Corvino propiciaram a cada um a mesma glória, 104

23 Por qual motivo Camilo foi banido de Roma, 110

24 A prolongação da autoridade dos cônsules fez Roma serva, 112

25 Da pobreza de Cincinato e de muitos cidadãos romanos, 114

26 Como um Estado se arruína por causa de mulheres, 117

27 Como se há de unir uma cidade dividida, e como não é verdadeira aquela opinião de que, para manter uma cidade, precisaria mantê-la dividida, 119

28 Que se deve atentar para as obras dos cidadãos, porque muitas vezes sob uma ação piedosa nasce um princípio de tirania, 122

29 Que os pecados do povo nascem dos príncipes, 124

30 A um cidadão que queira em sua república fazer de sua autoridade alguma obra boa é necessário primeiramente apagar a inveja; e como, chegando o inimigo, há de se organizar a defesa de uma cidade, 126

31 As repúblicas fortes e os homens excelentes mantêm, em qualquer que seja a sorte, o mesmo ânimo e a mesma dignidade, 130

32 Quais meios usaram alguns para turbar a paz, 135

33 É necessário, querendo vencer uma batalha, fazer o exército confiante entre si e com o capitão, 137

34 Qual fama ou voz ou opinião faz com que o povo comece a favorecer um cidadão; e se ele escolhe os magistrados com mais prudência do que um príncipe, 140

35 Quais perigos trazem o fazer-se cabeça ao aconselhar uma coisa; e, quanto mais ela tem de extraordinário, maiores são os perigos que se corre, 144

36 As causas pelas quais os gauleses tenham sido e ainda sejam julgados, no princípio da guerra, como sendo mais do que homens e, depois, no seguimento da guerra, como sendo menos do que mulheres, 147

37 Se as pequenas batalhas antes da jornada são necessárias; e como se deve fazer para conhecer um novo inimigo, querendo escapar dele, 150

38 Como deve ser feito um capitão no qual o seu exército possa confiar, 154

39 Que um capitão deve ser conhecedor do terreno, 156

40 Como o uso da fraude no manejo da guerra é coisa gloriosa, 159

41 Que a pátria se deve defender ou com ignomínia ou com glória, e, em qualquer modo, está bem defendida, 161

42 Que as promessas feitas pela força não se devem cumprir, 163

43 Que os homens que nascem em uma mesma província mantêm, por todos os tempos, quase a mesma natureza, 165

44 Muitas vezes alcança-se com o ímpeto e com a audácia aquilo que com meios convencionais jamais se alcançaria, 168

45 Qual seria a melhor decisão nas jornadas, ou conter o ímpeto dos inimigos e, uma vez contido, chocá-los; ou, de imediato, atacá-los com fúria, 171

46 De onde nasce que uma família, em uma cidade, tenha, por um tempo, os mesmos costumes, 172

47 Que um bom cidadão deve, por amor à pátria, esquecer as injúrias pessoais, 174

48 Quando se vê um inimigo cometer um grande erro, deve-se crer que tenha sido a pretexto de fraude, 175

49 Em uma república, querendo mantê-la livre, os governantes têm necessidade de novas providências; e por quais méritos Quinto Fábio foi chamado de "Máximo", 177

Notas, 180

1

Querendo que uma religião ou uma república viva longamente é necessário fazê-la voltar, frequentemente, ao seu princípio

É coisa verdadeiríssima que todas as coisas do mundo têm o término de sua vida; mas, geralmente, percorre todo o caminho que lhe é ordenado pelo céu aquele que não desordena o seu corpo, mas o mantém regrado, ou que não o altera ou, se o altera, é para a saúde e não para prejuízo seu. E porque eu falo de corpos mistos, como são as repúblicas e as religiões, digo que aquelas alterações que as fazem voltar a seus princípios são saudáveis. E, todavia, são mais bem organizados e têm vida mais longa se, mediante os seus regramentos[1], puderem, frequente-mente, renovar-se, ou se, por qualquer acidente, não previsto pela ordem estabelecida, forem levados à re-novação. E é algo mais claro do que a luz que, não se renovando, esses corpos não durarão.

O modo de renová-los é, como foi dito, fazê-los voltar aos seus princípios. Porque todos os princípios das religiões e das repúblicas e dos principados con-vêm que tenham em si qualquer bondade, mediante a qual retomem a sua primeira reputação e o seu primeiro impulso. E porque, no processo do tempo, aquela bondade se corrompe, se não intervir algo que a leve ao seu princípio, mata de necessidade aquele corpo. E esses doutores de medicina dizem, falando dos corpos dos homens, "que todo dia se deposita alguma coisa, a qual, por fim, precisa de um tratamento"[2]. Esse retorno ao princípio, falando das repúblicas, se faz ou por acidente extrínseco ou por prudência intrínseca. Quanto ao primeiro, vê-se como era necessário que Roma fosse ocupada pelos gauleses para querer que ela renascesse e, renascendo, readquirisse nova vida e nova *virtù*[3] e retomasse a observância da religião e da justiça, as quais nela haviam começado a macular-se. O que se compreende muitíssimo bem pela história de Lívio, onde ele mostra que, ao conduzir o exército contra os gauleses e ao criar os tribunos com o poder consular, os romanos não observaram alguma cerimônia religiosa. Assim, ao mesmo tempo, não somente não puniram os três Fábios[4], os quais, contrariando as convenções do acordo[5], haviam combatido contra os gauleses, mas os elevaram a tribunos. E deve-se facilmente pressupor que, das outras boas constituições ordenadas por Rômulo e por aqueles outros príncipes prudentes, se Roma começasse a considerá-las menos, não seria razoável nem necessário manter a liberdade. Vem, portanto, essa punição extrínseca, a fim de que todos os regramentos daquela cidade se retomassem, e se mostrasse àquele povo não somente ser necessário manter a religião e a justiça, mas ainda estimar os seus bons cidadãos, e dar mais valor à sua *virtù* do que àquelas vantagens que pareciam faltar ao realizarem as suas obras. O que se viu que aconteceu precisamente; porque logo com a retomada de Roma, foram renovados todos os regramentos de sua antiga religião, puniram aqueles Fábios que haviam combatido contrariando as convenções do acordo, e, em seguida, tanto estimaram a *virtù* e a bondade de Camilo que, pondo, o Senado e os outros, de lado toda a inveja, remeteram a ele todo o peso daquela república. É necessário, portanto, como foi dito, que os homens que vivam juntos sob qualquer tipo de regramento, frequentemente se reconheçam, ou por esses acidentes extrínsecos ou pela prudência intrínseca. E quanto a essa última, convém que nasça ou de uma lei, a qual, muitas vezes, refaça a conta aos homens que estão naquele corpo; ou realmente de um homem bom que nasça entre eles, o qual, com os seus exemplos e com as suas obras *virtuosas*, faça o mesmo efeito que a ordem.

Surge, assim, esse bem nas repúblicas; ou pela *virtù* de um homem ou pela *virtù* de uma ordem. E quanto a essa última, os regramentos que remeteram a República Romana de volta ao seu princípio foram os tribunos da plebe, os censores e todas as outras leis que eram contra a ambição e a insolência dos homens. Regramentos os quais precisam ser vivificados pela *virtù* de um cidadão, o qual concorra corajosamente para executá-los contra o poder daqueles que os ultrapassam. Dessas execuções, antes da ocupação de Roma pelos gauleses, foram notáveis a morte dos filhos de Bruto[6], a morte dos dez cidadãos[7] e a morte de Mélio Frumentário[8]. Depois da ocupação de Roma, houve a morte de Mânlio Capitolino[9], a morte do filho de Mânlio Torquato[10], a execução de Papírio Cursor[11] contra Fábio, seu mestre de cavalaria, a acusação contra os cipiões[12]. Coisas as quais, porque eram excessivas e notáveis, toda vez que uma delas nascia, faziam com que os homens se voltassem aos princípios; e, quando elas começavam a ficar mais raras, começavam também a dar mais espaço para os homens se corromperem e, caso tivessem que ser feitas, implicavam em maior perigo e mais tumulto. Porque de uma a outra de semelhantes execuções não deveriam passar, no máximo, dez anos; porque, passado esse tempo, os homens começam a mudar os costumes e desrespeitar as leis e, se não nasce alguma coisa, pela qual se traga a punição à memória deles e renove-se em suas almas o medo, então aparecem tantos delinquentes que não se pode mais punir sem perigo. Diziam a esse propósito aqueles que governaram o Estado de Florença de 1434 a 1494, que era necessário retomar o próprio Estado a cada cinco anos, caso contrário era difícil mantê-lo; e chamavam a isso "reconquistar o Estado", infundir nos homens aquele terror e aquele medo que havia neles na ocasião da conquista, tendo sido, naquele tempo, punidos aqueles que tinham, segundo aquele modo de viver, agido mal. Mas, como a memória daquela punição se apagou, os homens sentem-se encorajados a tentar coisas novas e a falar mal, sendo assim necessário tomar medidas que remetam aqueles ao encontro de seus princípios. Origina-se ainda esse retorno das repúblicas aos seus princípios da simples *virtù* de um homem, sem depender de alguma lei que te estimule a alguma ação; no entanto, estes são de tal reputação e são tão exemplares que os homens bons desejam imitá-los e os maus sentem-se envergonhados em ter uma vida contrária à deles. Aqueles que, em Roma, particularmente, obtiveram estes bons efeitos foram Horácio Cocle, Scevola, Fabrício, os dois Décios, Régulo Atílio e alguns outros, os quais, com os seus exemplos raros e *virtuosos*, tiveram em Roma quase o mesmo efeito que alcançaram as leis e os regramentos. E se as execuções anteriormente citadas, junto com esses exemplos particulares, fossem seguidas ao menos a cada dez anos naquela cidade, seguir-se-ia necessariamente que ela jamais se corromperia; mas como começaram a rarefazer uma e outra dessas duas coisas, as corrupções começaram a multiplicar-se. Porque, depois de Marco Régulo, não se viu outro exemplo similar, e ainda que em Roma tivessem surgido os dois Catões, foi tanta a distância entre aquele e estes, e entre estes dois, e permaneceram tão isolados no tempo que não puderam, com os bons exemplos, fazer alguma boa obra; e sobretudo o último Catão, o qual, encontrando a cidade, em boa parte, corrompida, não pôde, com o seu exemplo, fazer com que os cidadãos se tornassem melhores. E isso basta quanto às repúblicas.

Mas quanto às religiões, vê-se, pelo exemplo de nossa religião, que essas renovações são ainda necessárias; a qual, se não tivesse sido renovada por São Francisco e São Domingos, estaria totalmente esquecida. Porque estes, com a pobreza e com o exemplo da vida de Cristo, a simplificaram na mente dos homens, que já a haviam esquecido. E foram tão poderosos os seus novos regramentos que fizeram com que a desonestidade dos prelados e os cabeças da religião não a arruinassem, vivendo ainda pobremente e tendo tanto crédito nas confissões, com o povo, e nas suas pregações, ensinando como era errado responder ao mal com o mal, e que seria bom viver sob a sua obediência e, se cometessem erro, que se deixassem castigar por Deus; e, sem isso, aqueles faziam o pior que podiam, porque não temiam aquela punição a qual não viam e na qual não acreditavam. Essa renovação da qual se falou, portanto, manteve, e mantém, essa religião.

Os reinos têm também necessidade de se renovar e remeter as suas leis aos seus princípios. E se vê quão bom efeito faz essa parte no reino da França, reino o qual vive sob as leis e sob os regramentos mais do que qualquer outro reino. Leis e regramentos mantidos pelos parlamentos e, principalmente, aquele de Paris; os quais são por ele renovados toda vez em que faz uma execução contra um príncipe daquele reino, e que condene o rei em suas sentenças. E, enfim, até aqui se tem mantido por ter sido um obstinado executor contra aquela nobreza; mas se, eventualmente, deixasse passar alguma impunidade, e que viesse a multiplicar-se, então uma das duas coisas nasceria disso: ou que tivessem que corrigir a impunidade com grande desordem, ou a própria dissolução daquele reino.

Conclui-se, portanto, não haver a alguém coisa mais necessária em um viver comum, ou religião ou reino ou república que seja, do que resgatar aquela reputação que ele tinha nos seus princípios, e esforçar-se para que sejam os bons regramentos ou os bons homens que produzam esse efeito, e que não o faça uma força extrínseca. Porque, ainda que eventualmente possa ser um ótimo remédio, como foi para Roma, ela é tão perigosa que não se deve desejá-la de modo algum. E para demonstrar a qualquer um o quanto as ações dos homens peculiares[13] fizeram Roma grande e causaram naquela cidade muitos bons efeitos, entrarei na narrativa e no discurso deles; termos com os quais este terceiro livro e a última parte desta primeira década se concluirá[14]. E ainda que as ações dos reis fossem grandes e notáveis, todavia, descrevendo-as amplamente a história, as deixarei para trás; e não, por outro lado, falaremos deles, exceto de alguma coisa que tenham feito em relação às suas comodidades[15] enquanto eram cidadãos; e começaremos com Bruto[16], pai da liberdade romana.

2

De como é algo sapientíssimo simular, por um tempo, a loucura

Ninguém foi tão prudente, nem tão estimado sábio por alguma de suas egrégias ações, quanto Júnio Bruto mereceu ser estimado na sua simulação da estultícia. E ainda que Tito Lívio não exprima senão uma causa que o induzisse a tal simulação, a qual foi a de poder mais seguramente viver e manter o seu patrimônio, todavia, considerado o seu modo de proceder, pode-se crer que simulasse ainda para ser pouco observado, e ter mais comodidade para oprimir os reis e libertar a sua pátria, sempre que lhe surgisse ocasião. E que ele pensasse nisso, vê-se, primeiramente, no seu modo de interpretar o oráculo de Apolo, quando simulou cair para beijar a terra, julgando que, por isso, fosse favorecido pelos deuses em seu propósito[17]; e, depois, quando, sobre a morta Lucrécia[18], entre o pai e o marido e outros parentes dela, ele foi o primeiro a retirar o punhal da ferida e a fazer jurar a todos os circundantes que nunca aceitariam que no futuro alguém reinasse em Roma. Desse exemplo têm a aprender todos aqueles que estão descontentes com um príncipe; e devem, primeiramente, medir e pesar as suas forças e, se são tão poderosos que possam descobrir os seus inimigos e fazer-lhes guerra abertamente, devem tomar esse caminho, que é menos perigoso e mais honroso. Mas se estão entre aqueles cujas forças não bastam para fazer-lhes guerra aberta, devem astuciosamente cuidar para fazerem-se amigos do príncipe; e, para esse efeito, empregar todos aqueles meios que julguem ser necessários, seguindo os prazeres do príncipe e tomando gosto por todas aquelas coisas com as quais aquele venha a deleitar-se. Essa familiaridade te faz, primeiramente, viver seguro e, sem trazer perigo algum, te faz gozar da boa sorte daquele príncipe junto a ele e te traz toda comodidade para satisfazer o teu ânimo secreto. Verdade é que alguns dizem que se quereria, com os príncipes, não estar assim tão perto de modo que a sua ruína te cobrisse, nem tão longe que, arruinando-se aqueles, tu não estivesses a tempo de sobressair-te à ruína deles; a via intermediária seria a mais verdadeira quando se pudesse observá-la; mas, porque eu creio que seja impossível, convém limitar-se aos dois meios supracitados, isto é, ou afastar-se ou estreitar-se com eles. Quem faz de outro modo, e seja, pela sua qualidade, homem notável, vive em contínuo perigo. Nem basta dizer: "Eu não me importo com coisa alguma, não desejo nem honras nem bens, eu quero viver tranquilamente e sem brigas", porque essas escusas são ouvidas e não aceitas; nem podem os homens que têm qualidade escolher a seu modo, pois, mesmo que assim escolhessem verdadeiramente e sem nenhuma ambição, não acreditariam neles. De forma que, se quisessem escolher por si, não seriam deixados que assim escolhessem pelos outros. Convém, portanto, fazer-se louco como Bruto; e melhor se faz o doido, elogiando, falando, vendo, fazendo coisas contra tua vontade para agradar ao príncipe. E dado que nós falamos da prudência desse homem para recuperar a liberdade de Roma, falaremos agora da sua severidade para mantê-la.

3
Como é necessário, querendo manter uma liberdade reconquistada, amassar os filhos de Bruto

Não foi menos necessária do que útil a severidade de Bruto ao manter em Roma aquela liberdade que ele lhes havia conquistado, severidade a qual é de um exemplo raro em todas as memórias das coisas: ver o pai presidir o tribunal, e não somente condenar os seus filhos à morte, mas estar presente à morte deles. E sempre se saberá disso por aqueles que lerem sobre as coisas antigas, de como, após uma mudança de Estado ou da república em tirania ou da tirania em república, é necessária uma execução memorável contra os inimigos das condições atuais. E quem instaura uma tirania e não amassa[19] Bruto, e quem instaura um Estado livre e não amassa os filhos de Bruto, por pouco tempo se mantém.

Quão grande seja a dificuldade de um povo acostumado a viver sob um príncipe em se conservar depois na liberdade se por algum acidente a conquista, como a conquistou Roma depois da caçada aos tarquínios, demonstram-na infinitos exemplos sobre os quais se pode ler nas obras dos antigos escritores. E tal dificuldade é razoável; porque aquele povo não é outro do que um animal bruto, o qual, ainda que de natureza feroz e selvagem, tenha sido nutrido sempre em cárcere e em servidão; e que, depois, deixado à própria sorte em um campo aberto, não sendo acostumado a alimentar-se, nem conhecendo os lugares onde pudesse refugiar-se, torna-se presa do primeiro que tenta reacorrentá-lo.

O mesmo acontece a um povo, o qual, estando habituado a viver sob o governo dos outros, não sabendo raciocinar nem acerca de defesas ou ofensas públicas, não conhecendo os príncipes, nem sendo conhecido por eles, retorna, logo em seguida, sob um jugo o qual na maioria das vezes é mais grave do que aquele que um pouco antes tinha sido tirado do pescoço; e encontra-se, nessas variações, dificuldade, a menos que a matéria humana não esteja corrompida. Porque um povo onde a corrupção entrou totalmente não pode viver livremente sequer pouco tempo, como mais adiante se discorrerá; todavia, os nossos arrazoamentos são acerca daqueles povos onde a corrupção não tenha sido ampliada em demasia, onde haja mais do saudável do que do doentio.

Acrescente-se à acima uma outra dificuldade, a qual é que em um Estado que se torna livre fazem-se partidários inimigos e não partidários amigos[20]. Tornam-se partidários inimigos todos aqueles que do Estado tirânico aproveitavam-se, alimentando-se das riquezas do príncipe; dos quais tendo sido tomada a faculdade de valer-se, não podem viver contentes, e são forçados cada qual a retomar a tirania para, junto com ela, retornar à sua autoridade. Não se conquista, como disse, partidários amigos, porque o viver livre prepõe honras e prêmios mediante algumas causas honestas e determinadas, e fora delas não premia nem honra ninguém; e quando alguém tem aquelas honras e aquelas utilidades que parece merecer, não confessa ter obrigação com aqueles que o remuneram. Além disso, aquela utilidade comum que do viver livre se traz não é por ninguém reconhecida, enquanto é possuída: a qual é de poder gozar livremente de suas coisas sem desconfiança, não duvidar da honra das mulheres, daquela dos filhos, não temer por si; porque ninguém confessará jamais ter obrigação com quem não o ofenda.

Mas, como acima se disse, vem a ter o Estado livre, e o que de novo surge, partidários inimigos e não partidários amigos. E querendo remediar a esses inconvenientes e àquelas desordens que as dificuldades acima trariam consigo, não há remédio mais potente nem mais válido nem mais seguro nem mais necessário do que amassar os filhos de Bruto: os quais, como mostra a história, não foram levados junto com outros jovens romanos a conspirarem contra a pátria por outro motivo senão porque não se podiam valer de ações extraordinárias tanto sob a autoridade dos cônsules como sob a autoridade dos reis; de modo que a liberdade daquele povo parecia que havia se tornado a sua escravidão.

Acrescento um exemplo, que aconteceu entre nós e em nossa pátria memorável. E este é Piero Soderini, o qual se acreditava superar com sua paciência e bondade aquele apetite, que havia nos filhos de Bruto, de retornar sob um outro governo; mas se enganou. E ainda que aquele, pela sua prudência, conhecesse essa necessidade, e que a sorte e a ambição daqueles que se contrapunham a ele lhe dessem oportunidade para apagá-los, todavia, não teve jamais disposição para fazê-lo. Porque, além de acreditar que poderia, com a paciência e a bondade, extinguir os maus humores, e com prêmios aplacar alguma inimizade, julgava (e muitas vezes o defendeu com amigos de confiança) que, ao querer resolutamente contrariar as suas oposições e a vencer os seus adversários, seria necessário adquirir extraordinária autoridade e romper, com as leis, a igualdade civil. O que, ainda que depois não fosse tiranicamente usado por ele, desarmonizou tanto os cidadãos que não estavam mais dispostos, após a sua morte, a reeleger um gonfaloneiro vitalício, cuja ordem ele julgava correto aumentar e manter. Consideração a qual era sábia e boa; no entanto, não se deve jamais deixar fluir um mal em consideração a um bem, quando aquele bem possa ser facilmente oprimido por aquele mal. E devia acreditar que, devendo-se julgar suas ações e a sua intenção segundo o fim, se a sorte e a vida o tivessem acompanhado, que poderia certificar a qualquer um de que aquilo que havia feito era pela saúde da pátria e não por sua ambição; e podia regrar as coisas de modo que um sucessor seu não pudesse fazer por mal aquilo que ele tivesse feito por bem. Mas a primeira opinião o enganou, não conhecendo que a malignidade não é doma do tempo nem aplacada por algum prêmio. Tanto que, por não saber assemelhar-se a Bruto, perdeu, junto com a sua pátria, o Estado e a reputação. E como é difícil salvar um Estado livre, assim também é difícil salvar um reino, conforme se mostrará no próximo capítulo.

4

Não vive seguro um príncipe em um principado enquanto viverem aqueles que foram espoliados por ele

A morte de Tarquínio Prisco, causada pelos filhos de Anco, e a morte de Sérvio Túlio, causada por Tarquínio Soberbo, mostram o quanto é difícil e perigoso espoliar alguém do seu reino e deixá-lo vivo, ainda que procurasse ganhá-lo com algum benefício. E vê-se como Tarquínio Prisco foi enganado por parecer-lhe possuir juridicamente aquele reino, tendo-lhe sido dado o Estado pelo povo e confirmado pelo Senado; nem acreditou que nos filhos de Anco pudesse tanto o desdém que não haveriam de contentar-se daquilo que se contentava toda Roma. E Sérvio Túlio enganou-se, acreditando poder, com novos benefícios, ganhar os filhos de Tarquínio. De modo que, quanto ao primeiro, pode-se advertir que nenhum príncipe vive jamais seguro em seu principado enquanto viverem aqueles que foram espoliados. Quanto ao segundo, pode-se recordar a todo poderoso que as velhas injúrias nunca foram anuladas pelos novos benefícios; e tanto menos quanto menor é o benefício novo em relação à injúria feita[21]. E, sem dúvida, Sérvio Túlio foi pouco prudente ao crer que os filhos de Tarquínio tivessem paciência para ser genros daquele que julgavam dever ser rei. E esse apetite de reinar é tão grande que não somente está no peito daqueles de quem espera-se o reino, mas daqueles de quem não se espera; como foi com a mulher de Tarquínio, o jovem, filha de Sérvio, a qual, tomada por esta raiva, contrariando qualquer piedade paterna, moveu o marido contra o pai para tomar-lhe a vida e o reino, estimando mais ser rainha do que filha do rei. Se, portanto, Tarquínio Prisco e Sérvio Túlio perderam o reino por não saberem assegurar-se daqueles de quem o haviam usurpado, Tarquínio Soberbo perdeu-o por não observar os regramentos dos antigos reis, como se mostrará no próximo capítulo.

5

Aquilo que faz um rei perder um reino do qual seja herdeiro[22]

Tendo Tarquínio Soberbo matado Sérvio Túlio, e dele não restando herdeiros, veio a possuir o reino seguramente, não tendo que temer o que havia ofendido os seus antecessores. E ainda que o modo de ocupar o reino fosse extraordinário e odioso, todavia, se ele tivesse observado os antigos regramentos dos outros reis, seria tolerado, nem teria instigado o Senado e a plebe contra ele para tomar-lhe o Estado. Não foi, portanto, caçado aquele por haver Sexto, seu filho, estuprado Lucrécia, mas por haver rompido as leis do reino e governado tiranicamente, tendo tomado toda a autoridade do Senado e reduzindo-a a si mesmo. E aquilo que, com a aprovação do Senado romano, fazia-se em lugares públicos, limitou-se a fazer em seu palácio, gerando culpa e inveja contra si, de modo que, em breve tempo, ele espoliou Roma de toda aquela liberdade que ela havia mantido sob os outros reis. Nem lhe bastou fazer-se inimigo dos senadores, que ainda se concitou contra a plebe, afadigando-a com coisas mecânicas e totalmente alheias àquilo que os seus antecessores haviam construído. De modo que, tendo povoado Roma de exemplos cruéis e soberbos, já havia disposto à rebelião os ânimos de todos os romanos, assim que tivessem uma ocasião. E se o acidente de Lucrécia não tivesse vindo, um outro teria sido gerado dando à luz ao mesmo efeito; porque, se Tarquínio tivesse vivido como os outros reis, e Sexto, seu filho, tivesse cometido aquele erro, Bruto e Collatino teriam recorrido a Tarquínio pela vingança contra Sexto, e não ao povo romano. Os príncipes, portanto, começam a perder o Estado quando começam a romper as leis e aqueles modos e aqueles costumes que são antigos e sob os quais os homens viveram por longo tempo. E se, privados que eles são do Estado, nunca se tornassem tão prudentes a ponto de conhecerem com quanta facilidade os principados mantêm-se por aqueles que sabiamente aconselham-se, seria a eles muito mais dolorida essa derrota e à maior pena se condenariam do que se fossem condenados por outros. Porque a eles é muito mais fácil ser amado pelos bons do que pelos maus, e obedecer às leis do que querer comandá-las. E querendo entender o meio que teriam que tomar para fazer isso, digo que não há outro meio duradouro do que tomar, como seu espelho, a vida dos príncipes bons, como Timoleone, de Corinto, Arato Sicioneo e similares, na vida dos quais eles encontrariam tanta segurança e tanta satisfação de quem rege e de quem é regido, que deveria vir-lhes vontade de imitá-los, podendo facilmente, pelas razões expostas, fazê-lo. Porque os homens, quando são bem governados, não procuram nem querem outra liberdade: como acontece com os povos governados pelos dois prenomeados, que os obrigaram a serem príncipes enquanto vivessem, ainda que fossem tentados, muitas vezes, a restringir-se à vida privada. E porque neste e nos dois capítulos anteriores raciocinou-se sobre os humores concitados contra os príncipes, sobre as conspirações feitas pelos filhos de Bruto contra a pátria e sobre aquelas feitas contra Tarquínio Prisco e contra Sérvio Túlio, não me parece coisa fora de propósito falar amplamente, no próximo capítulo, sobre as conspirações[23], sendo matéria digna de ser notada pelos príncipes e pelos cidadãos.

6
Das conspirações

Não me ocorreu deixar para trás o raciocinar sobre as conspirações, sendo coisa muito perigosa tanto para os príncipes como para os cidadãos. Porque se vê, por meio delas, muito mais os príncipes perderem a vida e o Estado do que pela guerra declarada, porque o poder fazer guerra declarada ao príncipe é concedido a poucos, enquanto o poder conspirar contra ele é concedido a todos. Por outro lado, os cidadãos não entram em empreitada mais perigosa nem mais temerária do que esta, porque ela é difícil e perigosíssima em todas as suas partes; porque sucede que muitos tentam, e pouquíssimos têm o fim desejado. Eu, sobre isso, falarei amplamente, não deixando para trás nenhum caso memorável documentado por um ou outro, a fim de que, portanto, os príncipes aprendam a prevenir-se desses perigos e que os cidadãos envolvam-se neles o mais timidamente possível, aliás, que aprendam a ficar contentes em viver sob aquele império que é o Estado a eles proposto pela sorte. E realmente aquela sentença de Cornélio Tácito é de ouro, que diz que os homens têm que honrar as coisas passadas e obedecer às coisas presentes, e devem desejar bons príncipes e, no entanto, seja como forem feitos, tolerá-los. E realmente quem age de outro modo na maioria das vezes arruína a si e à sua pátria.

Devemos, portanto, entrando na matéria, considerar primeiramente contra quem são feitas as conspirações, se contra a pátria ou contra um príncipe. Sobre essas duas circunstâncias quero agora raciocinar, porque daquelas conspirações que se fazem para dar um território aos inimigos que o assediam, ou as que são feitas por qualquer causa semelhante a esta, falou-se acima o suficiente[24].

6.1 Conspirações contra o príncipe

E trataremos, nesta primeira parte, daquela que se faz contra o príncipe e, inicialmente, examinaremos as causas dessa, as quais são muitas. Mas uma é mais importante do que todas as outras, a qual é ser odiado por todos, porque ao príncipe que provocou esse ódio universal é razoável pensar que os cidadãos que tenham sido por ele mais ofendidos desejem vingar-se. Esse desejo é acrescido daquela má disposição geral que os incita a agirem contra o príncipe. Deve, portanto, um príncipe fugir dessa reputação (tendo sido tratado como fugir dela em outro lugar[25], não quero falar dela aqui), porque, evitando isso, os cidadãos ofendidos lhe farão menos guerra. Uma, porque raramente se encontra entre os homens algum que estime tanto uma injúria a ponto de envolver-se em tanto perigo para vingá-la; outra, ainda que houvesse alguém com ânimo e poder para fazê-lo, seria impedido por aquela benevolência geral que vê estar cercando o príncipe. Convém que as injúrias sejam contra os bens, o sangue ou contra a honra. Daquelas contra o sangue, são mais perigosas as ameaças do que as execuções. Ou melhor, as ameaças são perigosíssimas e nas execuções não há perigo algum; porque, quem está morto não pode pensar em vingança, e aqueles que permanecem vivos na maioria das vezes esquecem a memória do morto. Mas aquele que é ameaçado e que se vê constrangido por uma necessidade ou de fazer ou de padecer, torna-se um homem perigosíssimo para o príncipe, como no momento apropriado diremos melhor. Fora dessa necessidade, os bens e a honra são aquelas duas coisas que ofendem os homens mais do que qualquer outra ofensa, e das quais o príncipe deve resguardar-se, porque não é jamais possível espoliar alguém tanto que não lhe reste um punhal para vingar-se; não se pode jamais desonrar alguém a ponto de não lhe restar um ânimo obstinado para a vingança. E da honra que se toma aos homens, aquela relativa às mulheres importa mais; depois disso, o vilipêndio de sua pessoa. Isso armou Pausânias contra Filipe da Macedônia, isso armou muitos outros contra muitos outros príncipes. E, em nossos tempos, Júlio Belante não se poria a conspirar contra Pandolfo, tirano de Siena, senão por ter este lhe dado, e depois tirado, uma filha sua, como no momento adequado discutiremos. A causa maior que fez com que os Pazzi conspirassem contra os Médici foi a herança de Giovanni Bonromei, a qual lhe foi tomada por ordem daqueles. Uma outra causa, e grandessíssima, que faz com que os homens conspirem contra o príncipe, é o desejo de libertar a pátria ocupada por este. Essa causa moveu Bruto e Cássio contra César. Essa causa moveu muitos outros contra os Falari, os Dionísios e outros ocupantes de sua pátria. Nem pode desse sentimento algum tirano livrar-se senão com a renúncia à tirania. E porque não se encontra ninguém que faça isso, encontram-se poucos que não terminem mal; donde nasce aquele verso de Juvenal:

> À casa de Ceres poucos reis desceram
> sem feridas e exangues
> Poucos tiranos morreram sem danos[26].

Os perigos que são trazidos pelas conspirações, como eu disse acima, são grandes, estendendo-se por todos os tempos; porque em tais casos se corre perigo ao concebê-las, ao executá-las e após terem sido executadas. Aqueles que conspiram ou são um ou são mais de um. De um não se pode dizer que seja conspiração, mas é uma firme disposição nascida em um homem no sentido de amassar o príncipe. Somente isso, entre os três perigos que se corre nas conspirações, está ausente no primeiro; porque, antes da execução, o conspirador não está sujeito a nenhum perigo, por não compartilhar com outros o seu segredo, nem sujeito, por isso, a perigo pelo fato de seu projeto chegar aos ouvidos do príncipe. Essa decisão assim tomada é factível em qualquer homem de qualquer condição, grande, pequeno, nobre, plebeu, familiar ou não familiar ao príncipe, porque a cada um é lícito extravasar o seu desejo de vingança. Pausânias, do qual acima se falou, amassou Filipe da Macedônia, que ia ao templo, entre o filho e o genro, com mil soldados em volta. Mas aquele era nobre e conhecido do príncipe. Um espanhol pobre e vil deu uma punhalada na garganta de Fernando, rei da Espanha. O ferimento não foi mortal, mas com isso se viu que ele teve ânimo e comodidade para fazê-lo. Um dervixe, sacerdote turco, atirou uma cimitarra contra Baisit, pai do atual príncipe Turco; não o feriu, mas teve também disposição e comodidade para o fazer. Desses espíritos feitos assim, encontram-se muitos que o queiram fazer, porque no querer não existe perigo nem penalidade alguma, mas poucos o fazem. No entanto, daqueles que o fazem, há pouquíssimos ou nenhum que não tenha efetivamente sido amassado; porém, não se encontra quem queira ir para uma morte certa. Mas deixemos de lado essas vontades únicas e passemos às conspirações entre muitos.

Digo encontrarem-se na história exemplos de todas as conspirações que foram feitas por grandes homens ou familiaríssimos ao príncipe; porque os outros, se não são tão próximos ao príncipe, não podem conspirar, pois os homens fracos e não familiares ao príncipe não possuem toda aquela esperança e toda aquela comodidade que convêm à execução de uma conspiração. Antes, os homens fracos não têm como se assegurar de que confiem neles, porque alguém pode não consentir com a vontade deles sem algo daquela esperança que faz com que os homens abracem os grandes perigos. De modo que, como há sempre duas ou três pessoas com pouca lealdade, encontram o delator e arruínam o plano. Mas, mesmo que fossem tão felizes que lhes faltasse esse delator, a execução está envolta em tais dificuldades, por não haver acesso fácil ao príncipe, sendo impossível que nessa execução não fracassem; porque, se os homens poderosos, e que têm acesso fácil ao príncipe, são limitados por aquela dificuldade da qual acima se falou, convém pensar que a dificuldade daqueles outros há de crescer infinitamente. Portanto, os homens (porque até onde prosperam a vida e os bens não são totalmente insensatos), quando se veem fragilizados, resguardam-se; e quando eles têm em desprezo um príncipe, limitam-se a caluniá-lo, e almejam que aqueles mais capazes do que eles os vinguem. E se, ainda que se encontrasse alguém semelhante a esses que tivesse tentado qualquer coisa, deve-se louvar nele a intenção e não a prudência. Vê-se, portanto, aqueles que conspiram foram todos grandes homens ou familiares do príncipe; dos quais muitos conspiram, recebendo demasiadas vezes benefícios como recebendo demasiada injúria: como foi Perênio contra Cômodo, Plauciano contra Severo, Sejano contra Tibério. Todos esses receberam de seus imperadores tanta riqueza, honra e agrado que parecia que a eles não faltasse nenhuma perfeição provinda do poder senão o império; e disso não querendo prescindir, puseram--se a conspirar contra o príncipe. E tiveram todas as suas conspirações aquele fim que merecia a ingratidão deles; embora algumas similares a essas, em tempos recentes, tivessem bom fim, como aquela de Iacopo de Appiano contra o Senhor Pierro Gambacorti, príncipe de Pisa, o qual a Iacopo havia nutrido e educado, e lhe dado reputação, tomando-lhe este depois o Estado. Foi destas, em nossos tempos, aquela contra o Rei Fernando de Aragão feita por Coppola, o qual, chegando a tanta grandeza que parecia que não lhe faltasse senão o reino, por querer ainda aquele, perdeu a vida. E realmente se alguma conspiração contra os príncipes feita por grandes homens devesse ter bom fim, deveria ser esta, sendo feita por um outro rei, pode-se dizer, pois aqui há grande comodidade para realizar o seu desejo. Mas aquela ambição pelo poder agora os contagia no manejo dessa empresa, porque, se eles soubessem dominar com prudência, seria impossível que eles não a alcançassem. Deve, portanto, um príncipe que se queira proteger das conspirações temer mais aqueles a quem fez muitos agrados do que aqueles a quem tivesse feito muitas injúrias, porque estes carecem de comodidade, aqueles a têm em abundância; e a vontade, no entanto, é semelhante, porque não é tão grande ou maior o desejo de dominar do que o desejo de vingança. Devem, portanto, os príncipes conceder tanta autoridade aos amigos que dela ao principado haja algum intervalo, e que haja, a meio-caminho, alguma coisa a desejar; caso contrário, será coisa rara se a eles não acontecer como aconteceu aos príncipes acima citados. Mas voltemos ao nosso tema.

Digo que, sendo aqueles que conspiram grandes homens e que têm acesso fácil ao príncipe, cabe discorrer sobre o sucesso ou não de suas empresas, e ver as causas que os têm feito ser felizes ou infelizes. E, como eu disse acima, esses se encontram a perigo em três etapas: antes, durante e depois. Encontram-se poucos que tenham tido bom êxito, porque é quase impossível passar as três etapas com sucesso. E começando a discorrer sobre os perigos da primeira, que são os mais importantes, digo que é preciso ser muito prudente e ter uma grande sorte para que uma conspiração não se descubra em seu planejamento. E se for descoberta ou é por delação[27] ou por conjetura. A delação nasce por encontrar-se pouca fidelidade ou pouca prudência nos homens aos quais tu a comunicas. A pouca fidelidade encontra-se facilmente, porque tu não podes comunicá-la senão aos teus confidentes que, por amor a ti, enfrentariam a morte, ou para homens que estejam descontentes com o príncipe. Não se encontram mais do que um ou dois homens de fé; mas, como tu te divides em muitos, é impossível que os encontre; além disso, é preciso que a benevolência que eles têm a ti seja grande, para que não pareça maior o peso do perigo e o medo da punição pela conspiração. Ademais, os homens se enganam na maioria das vezes sobre o amor que um possa ter pelo outro; e não podes te assegurar disso senão pela experiência, e ter experiência nisso é perigosíssimo. E ainda que se possa ter experiência em alguma outra coisa perigosa, em que os homens se mantivessem fiéis a ti, não podes, a partir daquela fidelidade, mensurar esta, a qual ultrapassa largamente qualquer outra tendo em vista os perigos a ela relacionados. Se mensurares a fidelidade a partir do descontentamento que alguém tenha com o príncipe, nisso podes facilmente te enganar, porque assim que tenhas manifestado também o teu descontentamento a alguém, tu lhe dás matéria para contentar-se, e convém bem ou que o ódio seja grande ou que a tua autoridade seja grandíssima para mantê-lo fiel.

Disso nasce que muitas conspirações são reveladas e oprimidas logo no seu princípio, e que, quando uma permanece em segredo entre muitos homens por longo tempo, é tida como milagrosa: como foi aquela de Pisão contra Nero e, nos nossos tempos, aquela dos Pazzi contra Lorenzo e Giuliano de Médici, das quais estavam cientes mais de cinquenta homens, que foram descobertos somente na execução da conspiração. Quanto a descobrir-se por pouca prudência, isso nasce quando um conspirador fala de modo pouco cauto, de forma que um servo ou uma terceira pessoa te entenda; como aconteceu com os filhos de Bruto que, no manejar as coisas com os embaixadores de Tarquínio, foram entendidos por um servo, que os acusou; ou quando, por leviandade, a comunicas a mulher ou filho que tu ames ou a similares pessoas; como fez Dimo, um dos conspiradores com Filotas contra Alexandre Magno, o qual comunicou a conspiração a Nicômaco, seu filho amado, o qual imediatamente a disse a Cibalino, seu irmão, e Cibalino ao rei. Quanto a descobrir-se por conjetura, tem-se como exemplo a conspiração pisoniana contra Nero, na qual Cevino, um dos conspiradores, no dia anterior ao que haveria de amassar Nero, fez testamento, ordenou que Milíquio, seu escravo liberto, afiasse seu punhal velho e enferrujado, libertou todos os seus servos e deu-lhes dinheiro, ordenou que preparasse ataduras para ferimentos. Conjeturando sobre isso, deu-se conta Milíquio sobre a coisa e o acusou a Nero. Cevino foi preso e com ele Natal, um outro conspirador, os quais tinham sido vistos juntos falando longamente e em segredo um dia antes; e não se pondo de acordo sobre o que havia sido combinado, foram forçados a confessar a verdade, de modo que a conspiração foi descoberta resultando na ruína de todos os conspiradores.

Acerca das causas que levam à descoberta das conspirações, é impossível impedir que por malícia, por imprudência ou por leviandade elas não sejam descobertas, se aqueles que estão cônscios dela forem mais do que três ou quatro. E assim que mais de um é apanhado, é impossível não a descobrir, porque dois não podem estar completamente de acordo sobre todas as suas combinações prévias. Quando for apanhado apenas um, que seja homem forte, pode ele, com a sua fortaleza da alma, calar sobre os conspiradores; mas convém que os conspiradores não tenham menos disposição do que ele para ficarem firmes e não se acusarem com a fuga, porque, em uma parte que falte disposição, ou de quem é apanhado ou de quem é livre, a conspiração é descoberta. É raro o exemplo trazido por Tito Lívio acerca da conspiração feita contra Jerônimo, rei de Siracusa; na qual, sendo Teodoro, um dos conspiradores, apanhado, ocultou, com uma grande *virtù*, todos os conspiradores, e acusou os amigos do rei; e, por outro lado, os conspiradores confiaram tanto na *virtù* de Teodoro que nenhum deixou Siracusa ou deu algum sinal de temor. Passa-se, portanto, por todos esses perigos no manejar de uma conspiração, antes que se venha à execução desta, dos quais, querendo fugir, existem os seguintes remédios. O primeiro e o mais verdadeiro, aliás melhor dizendo, o único, é não dar tempo aos outros conspiradores para acusarem-te, e comunicar-lhes a coisa quando tu a vais fazer, e não antes disso. Aqueles que fizeram assim, fugiram certamente dos perigos que se expõem ao praticá-la e, a maioria das vezes, também aos outros perigos; aliás, todos tiveram final feliz, e qualquer um que fosse prudente teria comodidade para governar-se dessa maneira. Espero que me baste agregar dois exemplos.

Nelêmato, não podendo suportar a tirania de Aristotimo, tirano de Épiro, reuniu em casa seus muitos parentes e amigos, e animando-os a libertar a pátria, alguns deles pediram tempo para decidirem e organizarem-se; então Nelêmato fez os seus servos fecharem a casa e àqueles que havia chamado disse: "Ou vós jureis fazer agora essa execução, ou eu vos darei todos aprisionados a Aristotimo". Movidos por tais palavras, eles juraram e, imediatamente, executaram com sucesso as ordens de Nelêmato. Tendo um Mago ocupado por meio da fraude o reino da Pérsia, e tendo Ortano, um dos grandes homens do reino, entendido e descoberto a fraude, reuniu-se com seis outros príncipes daquele Estado, dizendo como pretendia vingar o reino da tirania daquele Mago; e pedindo tempo algum deles, levantou-se Dario, um dos seis chamados por Ortano, e disse: "Ou nós vamos agora fazer essa execução, ou eu irei acusar a todos". E assim postos de acordo, sem dar tempo de alguém arrepender-se, executaram com sucesso o projeto deles. Ainda semelhante a esses dois exemplos é o modo que os etólios empregaram ao amassar Nábis, tirano espartano, os quais mandaram Alexamenos, um de seus cidadãos, com trinta cavalos e duzentos soldados a Nábis sob o semblante de mandar-lhe ajuda; e o segredo somente comunicado a Alexamenos, e aos outros impuseram que lhe obedecessem em toda e qualquer coisa sob pena de exílio. Andou aquele a Esparta e não comunicou em nenhum momento a sua incumbência senão quando a quis executar; e assim conseguiu amassá-lo. Aqueles que, portanto, agiram segundo esses meios fugiram daqueles perigos que se encontram no manejar as conspirações; e quem os imitar, sempre fugirá deles.

E para que cada um possa fazer como eles, eu quero dar o exemplo de Pisão, mencionado acima. Pisão era um homem grandíssimo e reputadíssimo, familiar de Nero, e em quem este confiava bastante. Andava Nero, frequentemente, em seus jardins a comer com ele; Pisão podia, portanto, conquistar como amigos homens de ânimo e de coração aptos a conduzir uma tal execução (o que a um grande é facílimo); e, quando Nero estivesse em seus jardins, comunicar-lhes a coisa, e com as palavras convenientes encorajá-los a fazer aquilo que eles não teriam tempo para recusar, e que era impossível que não alcançassem. E, assim, se examinarmos todas as outras, se encontrará poucas que não puderam ser conduzidas do mesmo modo; mas os homens, geralmente, pouco entendidos acerca das ações do mundo, frequentemente cometem erros gravíssimos, e tanto maiores naquelas em que há mais do extraordinário, como é essa. Deve-se, portanto, não comunicar jamais a coisa se não necessitado, e no momento da ação; e se, mesmo assim, a queres comunicar, comunica-a a um só, com o qual já tenhas uma longuíssima experiência de confiança ou que seja movido pelas mesmas causas que tu. Encontrar alguém assim feito é muito mais fácil do que encontrar muitos e, por isso, é menos perigoso; além disso, mesmo que ele te enganasse, sempre há algum remédio para defender-se, o que não acontece onde muitos estão conspirados; porque de alguém prudente tenho ouvido dizer que com um pode-se falar qualquer coisa, porque tanto faz, desde que não te deixes persuadir a escrever, com a tua letra, o "sim" de um quanto o "não" de outro; e do escrever todos devem cuidar-se como de um rochedo, porque não há coisa que mais facilmente te incrimine do que o escrito por tua mão. Plautiano, querendo fazer amassar o Imperador Severo e Antonino, o seu filho, confessa a coisa ao tribuno Saturnino; o qual, querendo acusá-lo e não segui-lo, e avaliando que ele, vindo à acusação, não seria mais acreditado do que Plautiano, pede-lhe um papel escrito à sua mão em que lhe confiasse essa incumbência; o que Plautiano lhe fez, cegado pela sua ambição;

donde seguiu que foi pelo tribuno acusado e incriminado; e, sem aquela cédula e outros contrassinais, teria ficado Plautiano em uma posição superior, tão audazmente negava a acusação. Encontra-se, portanto, na acusação feita por um sempre algum remédio, desde que tu não possas ser incriminado por algum escrito ou outros contrassinais; do que todos devem se cuidar. Participou da conspiração pisoniana uma mulher chamada Epícaris, tendo sido, no passado, amiga de Nero, a qual, julgando que fosse oportuno incluir entre os conspiradores um capitão de algum trirreme que fazia a guarda de Nero, comunicou-lhe, todavia, a conspiração, mas não os conspiradores. Donde, rompendo aquele capitão a palavra dada e acusando-a a Nero, foi tanta a audácia de Epícaris em negá-lo, que Nero ficou confuso e não a condenou. Existem, portanto, no comunicar a coisa a um só, dois perigos a evitar: um, que ele não te acuse deliberadamente; outro, que não te acuse convencido e constrangido pela punição, sendo ele tomado por qualquer suspeita ou por qualquer indício havido sobre ele. Mas em um e em outro desses dois perigos há algum remédio, podendo-se negar a um, alegando-se o ódio que aquele teria contra ti, e negar ao outro alegando a força que o constringiria a dizer as mentiras. É, portanto, prudência não comunicar a coisa a ninguém, mas fazer segundo os exemplos acima expostos; ou, se mesmo assim a comunicas, não passar de um, onde, se existe qualquer perigo maior, é menor, em geral, do que comunicá-la a muitos.

Semelhante a esse modo é quando uma necessidade te constringe a fazer ao príncipe aquilo que tu vês que o príncipe faria a ti, a qual seja tão grande que não te dê tempo senão em pensar em assegurar-te. E essa necessidade conduz quase sempre a coisa ao fim desejado: e, para prová-lo, creio que bastam dois exemplos. O Imperador Cômodo tinha dois cabeças de soldados pretorianos, Leto e Eletto, entre seus primeiros amigos e familiares seus; tinha Márcia dentre suas primeiras concubinas ou amigas; e porque ele era algumas vezes repreendido por aqueles pela forma com qual maculava a sua pessoa e o Império, deliberou fazê-los morrer e escreveu em uma lista "Márcia", "Leto", "Elleto" e alguns outros que queria fazer morrer na noite seguinte, e aquela lista deixou sob o travesseiro de seu leito. E tendo ido lavar-se, um jovem favorito dele, brincando no quarto e sobre o leito, encontrou essa lista, e saindo do quarto com ela em mãos, encontrou Márcia, a qual a tomou, e lendo-a e vendo o conteúdo dessa, imediatamente a mandou para Leto e Elleto; e, sabido por todos os três o perigo em que estavam, deliberaram prevenir e, sem perder mais tempo, na noite seguinte mataram Cômodo.

Antonino Caracala era imperador com os seus exércitos na Mesopotâmia, e tinha como seu governador Macrino, homem mais voltado à vida civil do que à vida beligerante. E dado que os príncipes não bons temem sempre que outros façam contra eles aquilo que julgam merecer, Antonino escreveu a Materniano, seu amigo, em Roma, que consultasse os astrólogos se havia alguém que aspirasse ao império, e que lhe avisasse. Materniano lhe escreve dizendo que Macrino era aquele que tinha essa aspiração; e chegando a carta antes às mãos de Macrino do que às do imperador, e por ela conhecida a necessidade ou de amassá-lo, antes que nova carta viesse de Roma, ou de morrer, encarrega o centurião Marcial, pessoa de sua confiança, e de quem Antonino havia matado um irmão poucos dias antes, que o amassasse; o que foi executado por ele com sucesso. Vê-se, portanto, que essa necessidade, que não te dá tempo, faz quase aquele mesmo efeito que teve Nelêmato de Epiro, conforme por mim acima descrito. Vê-se ainda aquilo que eu disse quase no princípio deste discurso, de como as ameaças ofendem mais os príncipes, e são causa de conspirações mais eficazes, do que as injúrias; o que um príncipe deve evitar, porque os homens se têm que ou acariciar ou assegurar-se deles, e não os reduzir jamais ao extremo de que tenham que pensar que precisam ou morrer ou fazer com que outros morram.

Quanto aos perigos que se corre na execução da conspiração, nascem esses ou da variação da ordem ou da falta de ânimo àquele que a executa ou do erro que o executor faça por pouca prudência ou por não dar perfeição à coisa, permanecendo vivos parte daqueles que se desejava amassar. Digo, desse modo, que não há coisa alguma que produza tanto distúrbio ou impedimento a todas as ações dos homens quanto é, em um instante, sem haver tempo, ter que variar uma ordem e pervertê-la em relação ao que havia sido decidido primeiramente. E, se essa variação produz desordem em alguma coisa, o faz em coisas de guerra e em coisas similares àquelas, das quais nós falaremos; porque em tais ações não há coisa tão necessária quanto fazer com que os homens firmem os seus ânimos e executem aquela parte que toca a eles. E se os homens dirigem a imaginação por vários dias a um modo e a uma ordem, e aquilo subitamente varia, é impossível que todos não se perturbem e não se arruíne toda a coisa; de modo que é muito melhor executar uma coisa segundo a decisão tomada, ainda que se veja nisso algum inconveniente, do que, por querer cancelar aquela, entrar em mil inconvenientes. Isso acontece quando não há mais tempo para reorganizar-se; porque quando há tempo, o homem pode governar-se a seu modo.

A conspiração dos Pazzi contra Lorenzo e Giuliano de Médici é notável quanto a isso. A ordem dada era que oferecessem um desjejum ao cardeal de San Giorgio, e, naquele café da manhã, amassá-los; donde se havia distribuído quem haveria de amassá-los, quem haveria de tomar o palácio, e quem correria pela cidade a chamar o povo à liberdade. Aconteceu que, estando na catedral em Florença os Pazzi, os Médici e o cardeal em uma missa solene, soube-se que Giuliano não fazia desjejum pela manhã; o que fez com que os conspiradores se reunissem, e aquilo que haviam de fazer no palácio dos Médici, deliberaram fazer na igreja. O que veio a perturbar toda a ordem, porque Giovambattista de Montesecco não quis participar do homicídio, dizendo que não queria fazê-lo em uma igreja, de modo que tiveram que mudar os líderes a cada nova ação, os quais, não tendo tempo para firmar o ânimo, cometeram tais erros que nessa execução foram oprimidos.

Falta ânimo, a quem executa, ou por respeito ou pela própria covardia do executor. É tanta a majestade e o respeito que estão por trás da presença de um príncipe que lhe é coisa fácil ou que enfraqueça ou que atemorize um executor. A Mário, tendo sido aprisionado por Minturnesi, foi mandado um servo para que o amassasse; o qual, assustado pela presença daquele homem e pela memória do seu nome, acovardou-se e perdeu toda a força para assassiná-lo. E se esse poder encontra-se em um homem amarrado e aprisionado e mergulhado na má fortuna, quanto maior seria em um príncipe livre, com a majestade dos ornamentos, da pompa e de sua comitiva! De modo que essa pompa pode te assustar ou então com algum grato acolhimento te acalmar. Conspiraram alguns contra Sitalces, rei da Trácia; definiram o dia da execução; reuniram-se no lugar marcado onde estava o príncipe; nenhum deles se moveu para atacá-lo, tanto que partiram sem haver tentado coisa alguma e sem saber o que os havia impedido, e incriminavam um ao outro. Os conspiradores caem em tal erro muitas vezes, tanto que, descoberta a conspiração, mostram arrependimento daquele mal que puderam mas não quiseram fazer. Conspiraram contra Alfonso, duque de Ferrara, dois irmãos seus e usaram como intermediário Giannes, padre e cantor do duque, o qual muitas vezes conduziu o duque, a pedido deles, onde tivessem liberdade para amassá--lo. No entanto, nenhum deles jamais ousou fazê-lo; tanto que, descobertos, deram a culpa à sujeição ao duque e à pouca prudência deles. Essa negligência não pode nascer de outra coisa senão que convém ou que a presença do príncipe os atemorizasse ou que alguma humanidade do príncipe os humilhasse.

Nasce em tais execuções inconveniente ou erro por pouca prudência ou por pouco ânimo, porque uma e outra dessas duas coisas te impactam e, portanto, a partir dessa desordem do cérebro, te levam a dizer e a fazer aquilo que tu não deves. E que os homens sejam impactados e confundidos, não o pôde melhor demonstrar Tito Lívio quando fala de Alexamenos, o etólio, quando ele quis amassar o espartano Nábis, de quem falamos acima; que, chegado o momento da execução, revelou aos seus homens aquilo que deveriam fazer, dizendo sobre isso Tito Lívio estas palavras: "Ainda que ele devesse recobrar o ânimo, foi perturbado pelo pensamento de um ato dessa grandeza"[28]. Porque é impossível que alguém, mesmo que de ânimo firme, e acostumado à morte dos homens e a usar o ferro, não se confunda. Contudo, deve-se escolher homens experientes em tais manejos, e não confiar mais em ninguém, ainda que se mostre animadíssimo. Porque só pelo ânimo nas coisas grandes, sem que se tenha tido experiência, não há ninguém de quem se possa esperar a coisa certa. Pode, portanto, essa confusão ou fazer-te cair as armas das mãos ou fazer-te dizer coisas que façam o mesmo efeito. Lucila, irmã de

Cômodo, ordenou que Quinciano o amassasse. Este esperou Cômodo na entrada do anfiteatro e, aproximando-se com um punhal desnudo, gritou: "Isto te manda o Senado", palavras que fizeram com que Quinciano fosse preso antes que tivesse descido o braço para feri-lo. O Senhor Antônio de Volterra, predisposto, como acima se disse, a amassar Lorenzo de Médici, ao aproximar-se, disse-lhe: "Ah, traidor"; palavra a qual foi a saúde de Lorenzo de Médici e a ruína daquela conspiração.

Pode não se dar a perfeição à coisa quando se conspira contra um cabeça, pelos motivos citados; mas certamente não se dá a perfeição quando se conspira contra dois cabeças; aliás, é tão difícil que lhe é quase impossível que seja alcançada. Porque fazer uma ação similar ao mesmo tempo em diversos lugares é quase impossível; porque em diversos tempos não se pode fazer, não querendo que uma estrague a outra. De modo que se o conspirar contra um príncipe é coisa dúbia, perigosa e pouco prudente, conspirar contra dois é totalmente vão e leviano. E se não fosse o respeito ao historiador, eu não acreditaria jamais que fosse possível aquilo que Herodiano diz de Plautiano, quando ele teria ordenado que o centurião Saturnino, sozinho, amassasse Severo e Antonino, ambos habitando em lugares diferentes. Porque a coisa é tão distante do razoável, que outro, que não tivesse essa autoridade, não me faria acreditar. Certos jovens atenienses conspiraram contra Diocles e Hípias, tiranos de Atenas; amassaram Diocles, e Hípias, que sobreviveu, vingou-o. Quion e Leônides, de Heracleia, discípulos de Platão, conspiraram contra os tiranos Clearco e Sátiro, amassaram Clearco, mas Sátiro, que restou vivo, o vingou. Os Pazzi, muitas vezes por nós mencionados, não tiveram sucesso senão em amassar Giuliano. De modo que de similares conspirações contra vários cabeças todos devem se abster, porque não se faz bem nem a si nem à pátria nem a ninguém; ao contrário, aqueles que sobrevivem, tornam-se mais insuportáveis e mais exacerbados, como foi em Florença, Atenas e Heracleia, estados por mim anteriormente mencionados.

É verdade que a conspiração que Pelópidas fez para libertar Tebas, sua pátria, enfrentou todas as dificuldades, embora tenha tido felicíssimo fim. Porque Pelópidas não somente conspirou contra dois tiranos, mas contra dez. Não somente não era da confiança dos tiranos e não lhe era fácil o acesso a eles, mas era rebelde; todavia, ele pôde vir a Tebas, amassar os tiranos e libertar a pátria. Além disso, fez tudo com a ajuda de um tal de Carione, conselheiro dos tiranos, por meio do qual teve a entrada facilitada para a execução do seu plano. Que não haja alguém que, todavia, tome o exemplo deste; porque o seu plano era impossível e coisa extraordinária de alcançar, e assim foi e é tida pelos escritores, os quais a celebram como coisa rara e quase sem exemplo similar.

Uma tal execução pode ser interrompida por uma falsa suposição ou por um acidente imprevisto que nasça no momento da ação. Na manhã em que Bruto e os outros conspiradores queriam amassar César, aconteceu que este falou longamente com Cneu Popílio Lenate, um dos conspiradores; e vendo os outros conspiradores essa longa conversação, duvidaram que o dito Popílio não estivesse a revelar a César a conspiração, e foram tentar amassar César ali mesmo, e não esperar que fosse ao Senado; e o teriam feito se a conversação não tivesse terminado, e visto que César não fez menção de fazer nada extraordinário, reasseguraram-se. São essas falsas suposições a considerar-se e a respeitar-se com a devida prudência; e tanto mais quanto mais fácil elas são tidas. Porque, quem tem a sua consciência manchada, facilmente crê que se fala de si: podes sentir uma palavra[29], dita a um outro propósito, que te faça perturbar o ânimo e acreditar que tenha sido dita sobre o teu caso; e fazer com que a tua conspiração seja descoberta com a fuga, ou confundir a ação ao acelerá-la fora do tempo. E isso tanto mais facilmente nasce quando são muitos os que estão cônscios da conspiração.

Quanto aos acidentes, porque são inesperados, não se pode senão, com os exemplos, mostrar e fazer com que os homens se acautelem perante aqueles. Júlio Belanti, de Siena, a quem acima fizemos menção, pelo desprezo que tinha por Pandolfo, que lhe havia tomado a filha que antes lhe havia dado como mulher, deliberou amassá-lo e escolheu o momento. Pandolfo ia, quase todo dia, visitar um parente seu enfermo, e no caminho passava pela casa de Júlio. Este, portanto, vendo isso, ordenou que se reunissem os seus conspiradores em sua casa de modo a amassar Pandolfo ao passar. E deixou-os armados atrás da porta, sendo que tinha um na janela para que, passando Pandolfo, fizesse um sinal quando ele estivesse próximo da porta. Acontece que, chegando Pandolfo e tendo feito aquele o sinal, reencontrou um amigo que o parou e alguns daqueles que estavam com ele continuaram caminhando, e vendo e ouvindo o rumor de armas, descobriram a cilada; de modo que Pandolfo salvou-se, e Júlio e os companheiros tiveram que fugir de Siena. Aquele encontro acidental impediu aquela ação e arruinou o plano de Júlio. Tais acidentes, porque são raros, não se podem remediar. É indispensável, todavia, examinar todos aqueles que possam nascer e ser remediados.

Resta ao presente discurso disputar somente sobre os perigos que se corre depois da execução, os quais são somente um, e esse existe quando permanece vivo alguém que possa vingar o príncipe morto. Podem, portanto, permanecer vivos seus irmãos ou seus filhos ou outros partidários, de quem se espera o principado (e possam permanecer vivos ou por tua negligência ou pelas causas supra-ditas) e que façam esta vingança: como aconteceu a Giovanni Andrea, de Lampognano, que, junto com os seus conspiradores, matou o duque de Milão; mas, tendo permanecido vivos um filho seu e dois ir-mãos, tiveram tempo de vingar o morto. E verdadei-ramente nesses casos os conspiradores estão descul-pados, porque não há mesmo remédio; mas quando permanece vivo alguém por pouca prudência ou por negligência deles, aí não merecem desculpa. Alguns conspiradores de Forli amassaram o Conde Girola-mo, seu senhor, prenderam a mulher e seus filhos, que eram pequenos; e parecendo a eles não poderem viver seguros se não se apoderassem da fortaleza, e não querendo o castelão dá-la a eles, Madonna Ca-terina (assim se chamava a condessa) prometeu aos conspiradores que, se a deixassem entrar naquela, ela a conseguiria para eles, e que mantivessem junto a eles os seus filhos como reféns. Aqueles, sob essa con-fiança, deixaram-na entrar; a qual, assim que entrou, do muro reprovou a morte do marido e ameaçou-os de todo tipo de vingança. E para mostrar que não se importava com os seus filhos, mostrou-lhes a genitá-lia, dizendo que havia ainda um meio de fazê-los de novo. Assim aqueles, carentes de conselhos e dando--se conta tarde do seu erro, foram punidos com um perpétuo exílio pela sua pouca prudência. Mas de todos os perigos que possam advir após a execução, não há um que seja mais certo nem que seja mais temível do que quando o povo é amigo do príncipe que tu mataste; porque para isso os conspiradores não têm remédio algum, porque não podem jamais assegurar-se. Um exemplo disso é o que acon-teceu com César. O qual, por ter o povo de

Roma como amigo, foi vingado por ele; porque, tendo sido os conspirados afugentados de Roma, foi causa de que fossem todos amassados, em diferentes momentos e em vários lugares.

6.2 Conspirações contra a pátria

As conspirações que são feitas contra a pátria são menos perigosas para aqueles que a fazem do que se feitas contra os príncipes; porque, ao colocá-las em prática, existem menos perigos do que naquelas, pois, embora na execução sejam os mesmos, depois da execução não se vê mais nenhum. No planejamento não há muitos perigos, porque um cidadão pode ambicionar o poder sem manifestar o seu ânimo e seu projeto a ninguém, e, se os seus planos não forem interrompidos, seguir felizmente a sua empreitada; caso sejam interrompidos por alguma lei, esperar algum tempo e tomar uma outra via. Isso se aplica a uma república onde há alguma corrupção; porque em uma não corrupta, não tendo lugar para nenhum mau princípio, esses pensamentos não podem ocupar a mente de nenhum de seus cidadãos. Podem, portanto, os cidadãos, por muitos meios e muitos caminhos, aspirar ao principado, em que não se apresente perigo de serem oprimidos; seja porque as repúblicas são mais lentas do que um príncipe, receiam menos e, por isso, têm menos cautela; seja porque as repúblicas têm mais respeito aos seus cidadãos ilustres e, por isso, esses são mais audazes e mais animosos ao fazer-lhes oposição. Qualquer um que tenha lido sobre a conspiração de Catilina, escrita por Salústio, sabe como, depois que a conspiração foi descoberta, Catilina não somente esteve em Roma, mas foi ao Senado e disse vilania ao Senado e ao cônsul; tanto era o respeito que aquela cidade tinha por seus cidadãos.

E tendo partido de Roma e estando já com os seus exércitos, Lêntulo não teria sido pego e nem aqueles outros se não tivesse havido cartas escritas pelas suas mãos que os incriminassem manifestamente. Hanon, grandíssimo cidadão em Cartago, aspirando à tirania, havia planejado, durante as núpcias de uma de suas filhas, envenenar todo o Senado e depois fazer-se príncipe. Ao compreender isso, o Senado não precisou de outra medida além de uma lei, a qual colocava limites às despesas com banquetes e núpcias; tanto era o respeito que tinham às suas qualidades de cidadão. É bem verdade que, ao executar uma conspiração contra a pátria, há maiores dificuldades e maiores perigos, porque raras vezes são suficientes as tuas próprias forças ao conspirar contra tantos; e não é qualquer um que é príncipe de um exército, como era César ou Agátocles ou Cleomenes e similares que, de súbito e com as suas forças, ocuparam a sua pátria. Porque a similares o caminho é bastante fácil e muito seguro: mas a outros, que não têm tanta reunião de forças, convêm que façam as coisas ou com astúcia e engenhosidade ou com forças estrangeiras. Quanto ao engano e à engenhosidade, tendo o ateniense Pisístrato vencido os megarianos e por isso tendo conquistado a simpatia do povo, uma manhã saiu para fora ferido, dizendo que a nobreza, por inveja, o havia injuriado, e pediu que lhe concedessem soldados armados para a sua guarda. Dessa autoridade facilmente chegou a tanta grandeza que se tornou tirano de Atenas. Pandolfo Petrucci voltou, com outros exilados, a Siena, e lhe foi dada a guarda da praça, com governo, como coisa mecânica e que outros recusaram; todavia, aqueles soldados armados, com o tempo, deram-lhe tanta reputação que, em pouco tempo, tornou-se príncipe. Muitos outros têm tido outras engenhosidades e outros meios e, com o tempo necessário e sem perigo, são conduzidos ao principado. Aqueles que, com suas próprias forças e com exércitos estrangeiros conspiraram para ocupar a pátria, tiveram resultados diversos, segundo a sorte. Catilina, citado anteriormente, arruinou-se. Hanon, de quem fizemos menção acima, não sendo bem-sucedido com o veneno, armou, como seus partidários, milhares de pessoas, e ele e todos os demais foram mortos. Alguns dentre os primeiros cidadãos de Tebas, para fazerem-se tiranos, chamaram a ajuda de um exército espartano e fundaram a tirania daquela cidade. De modo que, examinadas todas as conspirações feitas contra a pátria, não se encontrará alguma, ou poucas, que, em seu planejamento, tenham sido oprimidas; mas todas ou são bem-sucedidas ou são arruinadas em sua execução. Sendo executadas, ainda não trazem outros perigos do que traz a natureza do principado em si, porque, uma vez que alguém tenha se tornado tirano, existem os perigos naturais e ordinários trazidos pela tirania, para os quais não existem outros remédios além dos que foram acima discutidos.

Isso é o quanto me ocorreu escrever sobre as conspirações; e se eu tenho raciocinado acerca daquelas que se fazem com o ferro e não com o veneno, isso nasce do fato de que todas têm o mesmo regramento. A verdade é que aquelas do veneno são mais perigosas por serem mais incertas: já que nem todo mundo tem essa comodidade, é preciso conferi-la a quem a tem, e essa necessidade de conferir a outros te faz nascer perigo. Depois, por muitos motivos uma poção de veneno pode não ser mortal, como aconteceu àqueles que amassaram Cômodo, que, tendo repugnado o veneno que lhe haviam dado, foram forçados a estrangulá-lo se quisessem que morresse. Os príncipes não têm, portanto, maiores inimigos do que a conspiração, porque, uma vez que tenha sido feita uma conspiração contra ele, ou ela o amassa ou o desonra. Porque, se a conspiração alcança o objetivo, é morto; se ela é descoberta e ele amassa os conspiradores, acredita-se sempre que tenha sido invenção daquele príncipe para afogar a sua avareza e crueldade contra o sangue e os bens daqueles que ele matou. Não quero, porém, deixar de advertir aquele príncipe ou aquela república contra quem tivessem conspirado, que tenham cuidado quando uma conspiração se manifesta contra eles e, antes que tomem a iniciativa de vingá-la, examinar e entender muito bem as circunstâncias daquela; e medir bem as condições dos conspiradores e as suas e, quando a encontram encorpada e potente, não a desvelar jamais até que estejam preparados com forças suficientes para oprimi-la; agindo de outro modo, desvelarão a sua própria ruína. Todavia, devem dissimulá-la com toda a engenhosidade, porque os conspiradores, vendo-se descobertos, constrangidos pela necessidade, operam sem respeito. Como exemplo, temos os romanos, os quais, tendo deixado duas legiões de soldados para a guarda de Cápua contra os samnitas, como em outro lugar dissemos[30], viram conspirarem juntamente aqueles cabeças das legiões a fim de oprimir a cidade; coisa a qual, vindo ao conhecimento de Roma, levou-os a encarregar Rutílio, o novo cônsul, para que tomasse as providências; o qual, para adormecer os conspiradores, publicou como se o Senado tivesse confirmado o aquartelamento das legiões em Cápua. Aqueles soldados acreditaram nisso, e parecendo-lhes haver tempo para executarem o seu plano, não cuidaram de acelerar a coisa; e assim ficaram até que começaram a ver que o cônsul os separava uns dos outros; coisa a qual gerou-lhes suspeita, fez com que se revelassem e tratassem de executar a sua vontade. Não pode ser este melhor exemplo acerca de uma e de outra parte: porque por isso pode-se ver o quanto os homens são lentos nas coisas onde acreditam haver tempo, e o quanto são rápidos onde a necessidade os caça. Nem pode um príncipe ou uma república, que quer adiar a descoberta de uma conspiração em sua vantagem, usar estratagema melhor do que propiciar, de perto, ocasião, com astúcia, aos conspiradores, a fim de que, esperando-a ou parecendo-lhes haver tempo, dão tempo àquele ou àquela de castigá-los. Quem fez de outro modo, acelerou a sua ruína: como fez o duque de Atenas e Guilherme de Pazzi. O duque, tornado tirano de Florença, e entendendo terem lhe conspirado contra, ordenou, sem examinar de outro modo a coisa, que prendessem um dos conspiradores; o que fez com que, subitamente, outros pegassem em armas e lhe tomassem o Estado. Guilherme, sendo comissário em Val di Chiana, em 1501, e tendo percebido que em Arezzo havia uma conspiração em favor de Vitelli para tomar aquela terra dos florentinos, logo foi para aquela cidade e, sem pensar nas forças dos conspiradores ou nas suas e sem preparar-se com algum exército, com o conselho do bispo, seu filho, ordenou a prisão de um dos conspiradores; em seguida a essa prisão, os outros conspiradores, imediatamente, pegaram em armas e tomaram a terra dos florentinos, e Guilherme, de comissário passou a prisioneiro. Mas quando as conspirações são débeis, pode-se e deve-se reprimi-las sem respeito. Não devem ser imitados nenhum desses dois termos, quase contrários um ao outro, sendo um deles usado pelo já mencionado duque de Atenas, o qual, para mostrar que acreditava ter a benevolência dos cidadãos florentinos, fez morrer um que lhe revelou a conspiração; o outro, o de Díon[31], de Siracusa, o qual, para testar o ânimo de alguém que ele tinha sob suspeita, consentiu a Calipo, em quem ele confiava, que fingisse que estava conspirando contra ele. E todos esses dois terminaram mal; porque um tomou o ânimo dos acusadores e deu-o a quem quisesse conspirar, o outro abriu o caminho fácil para a sua morte, aliás, foi ele próprio o cabeça da sua conspiração, como bem mostrou a experiência, porque Calipo, podendo autorizadamente agir contra Díon, tanto agiu que lhe tomou o Estado e a vida.

7

De onde nasce que as variações da liberdade à servidão e da servidão à liberdade, uma seja sem sangue e a outra seja plena

Alguém talvez duvide de onde nasça que muitas mutações que são feitas da vida livre à tirânica, e vice-versa, algumas sejam feitas com sangue, outras, não; porque, como pelas histórias se compreende, em variações similares, alguma vez são mortos inúmeros homens, outra vez nenhum é injuriado: como aconteceu na mutação que fez Roma do rei aos cônsules, na qual não foram perseguidos outros que os tarquínios, excluindo da ofensa qualquer outro. O que depende disso: porque aquele Estado que varia ou nasce com violência ou não; e porque, quando nasce com violência, convém que nasça com o dano a muitos, sendo necessário, depois, na sua ruína, que os injuriados queiram vingar-se, e que desse desejo de vingança nasça o sangue e a morte dos homens. Mas quando a variação é causada por um comum consenso de uma totalidade[32] que fez grande o Estado, não há motivo, depois, quando arruína, da dita totalidade ofender outro que o cabeça. E desse tipo foi o Estado de Roma e a caçada aos tarquínios, como foi ainda, em Florença, o Estado dos Médicis, que, depois, na sua ruína no ano de 1494, não foram ofendidos outros senão eles. E, assim, tais mutações não vêm a ser muito perigosas; mas são bem perigosíssimas as que são feitas por aqueles que têm que se vingar, as quais foram sempre do tipo de fazer, não que outro, aterrorizar quem as lê. E, uma vez que desses exemplos as histórias estão cheias, eu os quero deixar para trás.

8

Quem quer alterar uma república deve considerar a sua matéria humana

Acima[33] discursou-se como um mau cidadão não pode agir mal em uma república que não esteja corrompida, conclusão que se fortifica, além das razões que então se expôs, com o exemplo de Espúrio Cássio e de Mânlio Capitolino. Espúrio, o qual, sendo homem ambicioso e querendo ganhar autoridade extraordinária em Roma e ganhar a plebe fazendo-lhe muitos benefícios (como era dividir-lhes aqueles campos que os romanos haviam tomado dos etruscos), teve descoberta pelo Senado essa sua ambição, e, trazido às claras sob tal suspeita, falando ele ao povo e oferecendo dar-lhe aquele dinheiro recebido com a venda dos grãos que o Estado havia feito vir da Sicília, todos o recusaram, parecendo-lhes que Espúrio quisesse dar-lhes o preço da sua liberdade. Mas, se esse povo estivesse corrompido, não teria recusado o dito preço, e teria aberto à tirania aquela via que lhe fechou. Mânlio Capitolino[34] dá disso muito maior exemplo, porque, mediante este, vê-se quanta *virtù* de ânimo e de corpo, quantas boas obras feitas em favor da pátria são anuladas, depois, por uma forte ambição de reinar; a qual, como se vê, nasce nele pela inveja que tinha das honras que eram feitas a Camilo, e vem com tanta cegueira mental que, não pensando sobre o modo de viver da cidade, não examinando a matéria humana que essa tinha, ainda não apta a receber a má forma, põe-se a fazer tumultos em Roma contra o Senado e contra as leis da pátria. Donde se conhece a perfeição daquela cidade e a bondade da sua matéria humana: porque, no seu caso, ninguém da nobreza, ainda que fossem, a princípio, severíssimos defensores um do outro, moveu-se no sentido de defendê-lo, nenhum de seus parentes fez algo em seu favor: com os outros acusados, costumavam comparecer malvestidos, em roupas de luto, todos abatidos, para mendigar misericórdia em favor do acusado; mas com Mânlio não se viu nenhum. Os tribunos da plebe, que sempre costumavam favorecer as coisas que pareciam vir em benefício do povo, e quanto mais eram contra os nobres mais o favoreciam, nesse caso uniram-se aos nobres para oprimir uma peste comum. O povo de Roma, desejosíssimo do benefício próprio e amante das coisas que vinham contra a nobreza, ainda que tivesse feito a Mânlio muitos favores, no entanto, como os tribunos o citaram judicialmente e remeteram a sua causa ao julgamento do povo, aquele povo, tornado defensor em juiz, condenou-o à morte sem consideração. Portanto, eu não creio que haja um exemplo mais apto a mostrar a bondade de todos os regramentos daquela república quanto o dessa história, vendo-se que ninguém daquela cidade moveu-se para defender um cidadão pleno de toda *virtù*, e que publicamente e privadamente havia feito muitas ações louváveis. Porque em todos eles podia mais o amor à pátria do que alguma outra consideração, e relevaram muito mais os perigos presentes que deles dependiam do que os méritos passados; tanto que, com a sua morte, libertaram-se. E Tito Lívio disse: "Tal fim teve o homem que, se não tivesse nascido em uma cidade livre, seria memorável em glória"[35].

Aqui há de se considerar duas coisas: uma, que por meios diferentes há de se ambicionar glória em uma cidade corrupta do que em uma que ainda viva politicamente; a outra (que é quase o mesmo do que a primeira), que os homens, no seu proceder e tanto mais nas grandes ações, devem considerar os tempos e acomodar-se a eles. E aqueles que, por má escolha ou por inclinação natural, discordam dos tempos, vivem, na maioria das vezes, infelizes e suas ações têm mau êxito; o contrário acontece com aqueles que concordam com o tempo. E, sem dúvida, pelas palavras acima do historiador, pode-se concluir que, se Mânlio tivesse nascido nos tempos de Mário e de Silla, onde a matéria humana já estava corrompida e onde esse teria podido imprimir a forma de sua ambição, teria tido aquele mesmo êxito e sucesso que Mário e Silla e os outros que, depois deles, aspiraram à tirania. Assim igualmente, se Silla e Mário tivessem vivido nos tempos de Mânlio, teriam imediatamente seus projetos oprimidos. Porque um homem pode muito bem começar, com seus meios e seus objetivos maus, a corromper um povo de uma cidade, mas lhe é impossível que a vida de um homem baste para corrompê-la de modo que ele mesmo possa colher os frutos; e ainda que fosse possível que, pela duração do tempo, fizesse-o, seria impossível quanto ao modo do proceder dos homens, que são impacientes e não conseguem protelar por longo tempo uma paixão deles. Ademais, os homens enganam-se acerca de suas coisas e, sobretudo, daquelas que desejam muito; de modo que ou por pouca paciência ou por enganarem-se, aderem a projeto contrário aos tempos, arruinando-se. Mas é necessário, querendo ganhar autoridade em uma república e dar-lhe má forma, encontrar a matéria humana desordenada pelo tempo, e que pouco a pouco e de geração em geração tenha se conduzido à desordem: à qual é levada necessariamente, a menos que seja, como acima se discursou, frequentemente refrescada por bons exemplos ou por novas leis que a desviem em direção aos seus princípios. Mânlio teria sido, portanto, um homem raro e memorável se tivesse nascido em uma cidade corrupta. E devem os cidadãos que nas repúblicas tomam alguma iniciativa, ou em favor da liberdade ou em favor da tirania, considerarem a matéria humana que eles têm e julgarem, a partir dela, acerca da dificuldade da iniciativa. Porque tanto é difícil e perigoso querer libertar um povo que queira viver como servo quanto o é querer manter como servo um povo que queira viver livre. E porque acima se disse que os homens em suas ações devem considerar as qualidades dos tempos e proceder segundo aquelas, falaremos mais longamente sobre isso no próximo capítulo.

9

Como convém variar com os tempos, querendo ter sempre boa sorte

Eu já considerei, outras vezes[36], de como a causa da má e da boa sorte dos homens está em corresponder ou não o seu modo de proceder com os tempos. Porque se vê que os homens procedem, em suas ações, alguns com ímpeto, alguns com respeito e cautela, e visto que em um ou outro desses modos de ação vão além dos termos convenientes, não conseguindo observar o modo certo, segue-se que ambos erram. Mas vem a errar menos e ter a sorte próspera aquele que corresponde, como eu disse, o seu modo de proceder com o tempo e sempre procede segundo a sua inclinação natural. Todos sabem que Fábio Máximo[37] procedia respeitosamente e cautelosamente com o seu exército, distante do ímpeto e da audácia tipicamente romana; e a boa sorte fez com que esse seu modo de proceder correspondesse bem aos tempos. Pois, tendo vindo Aníbal, ainda jovem, para a Itália, e com uma fortuna fresca, e tendo já vencido o povo romano duas vezes, e sendo aquela república privada quase inteiramente da sua boa milícia e aterrorizada, não poderia alcançar melhor sorte do que ter um capitão, o qual, com a sua protelação e cautela, mantivesse o inimigo distraído. Nem Fábio poderia ainda encontrar tempos mais convenientes aos seus modos de ação, do que nasceu a sua glória. E que Fábio fizesse isso por natureza e não por escolha vê-se no episódio em que, querendo Cipião passar na África com aqueles exércitos para finalizar a guerra, Fábio contradisse essa decisão muitas vezes, como algo que não se podia separar dos seus modos de ser e de agir; de forma que, se dependesse dele, Aníbal estaria ainda na Itália, pois Fábio não se dera conta que os tempos haviam mudado, e que era preciso mudar o modo de fazer guerra. E se Fábio tivesse se tornado rei de Roma, poderia facilmente perder aquela guerra; porque não teria sabido variar o seu proceder segundo as variações dos tempos: mas, tendo nascido em uma república, onde havia diversos tipos de cidadãos e diversos temperamentos, como o de Fábio, o que foi ótimo nos tempos devidos para protelar a guerra, assim ela teve depois com Cipião, nos tempos de agir, condições para vencê-la.

Daqui nasce que em uma república há mais vida e há boa sorte por mais tempo do que em um principado, porque ela pode melhor acomodar-se à diversidade dos tempos, devido à diversidade de cidadãos que vivem nela, o que não pode um príncipe. Porque um homem que esteja acostumado a proceder de um modo, não se modifica jamais, como eu disse, e convém necessariamente, quando os tempos mudam em disformidade com aquele seu modo de proceder, que arruíne.

Piero Soderini, anteriormente mencionado[38], procedia em todas as suas coisas com humanidade e paciência. Ele e a sua pátria prosperaram enquanto os tempos foram conformes ao seu modo de proceder; mas como vieram, depois, tempos onde precisava interromper a paciência e a humildade, não o soube fazer; de modo que, junto com a sua pátria, arruinou. O Papa Júlio II procedeu, em todo o tempo do seu pontificado, com ímpeto e com fúria; e porque os tempos lhe acompanharam bem, ele atingiu todos os seus objetivos. Mas, se tivessem vindo outros tempos que tivessem exigido outro conselho, necessariamente arruinaria; porque não teria mudado o seu modo de ser nem o seu modo de agir. E que nós não possamos nos modificar, duas coisas são causas disso: uma, que não podemos nos opor àquilo que nos inclina a natureza; a outra que, tendo alguém com um modo de proceder prosperado muitas vezes, não é possível persuadi-lo de que fará bem ao proceder de outro modo; donde nasce que em um homem a sorte varia porque ela varia com os tempos e ele não varia com os seus modos de proceder. Nascem, pelas mesmas razões, as ruínas das cidades, por não se variar os regramentos das repúblicas com as variações dos tempos, como longamente discorremos acima; mas acontecem mais tarde, porque sofrem mais para variar, porque precisam de tempo, que se comova toda a república, para o que um só, ao variar o seu modo de proceder, não basta.

E porque fizemos menção a Fábio Máximo, que distraiu Aníbal, parece-me oportuno discutir, no seguinte capítulo, se um capitão, estando decidido de qualquer maneira a fazer a batalha[39] contra o inimigo, pode ser impedido por aquele para que não o faça.

10

Que um capitão não pode fugir da batalha quando o adversário a quer fazer de qualquer modo

"Caio Sulpício, ditador, temporizava a guerra contra os gauleses, não querendo arriscar a sua sorte em uma batalha campal contra um inimigo que o tempo e o lugar estranho deterioravam dia após dia"[40].

Quando se observa um erro onde todos os homens ou a maior parte deles se engana, eu não creio que seja mau reprová-lo muitas vezes. Embora eu tenha muitas vezes[41] mostrado o quanto as ações concernentes às coisas grandes são disformes àquelas dos tempos antigos, não me parece supérfluo repeti-lo agora. Porque se em alguma parte se desvia dos antigos regramentos, é principalmente nas ações militares, onde, atualmente, não se observa nenhuma daquelas coisas que eram muito estimadas pelos antigos. E nasceu esse inconveniente porque as repúblicas e os príncipes impuseram esse cuidado a outros capitães, e, para fugirem aos perigos, afastaram-se desse exercício; e, mesmo que se veja alguma vez um rei dos nossos tempos avançar em pessoa, não se creia, todavia, que dele nasçam outros meios que mereçam mais elogio. Porque aquele exercício, quando mesmo assim o fazem, o fazem para exibir-se e não por alguma outra causa louvável. Mesmo assim, esses fazem menores erros, mantendo os seus exércitos algumas vezes ao alcance da vista, tendo junto a si o título do império, o que não fazem as repúblicas, sobretudo as italianas; as quais, confiando nos outros, nem entendendo coisa alguma daquilo que diga respeito à guerra e, por outro lado, querendo parecer como se fossem eles o príncipe a deliberar, fazem, em tais deliberações, mil erros. E ainda que de algum eu tenha discursado em outro lugar, quero, aqui, não me calar sobre um importantíssimo. Quando esses príncipes ociosos ou repúblicas efeminadas mandam fora um capitão seu, o mais sábio conselho que lhes ocorre dar é impor--lhe, se por alguma razão vier a batalha, que evite a guerra acima de qualquer coisa; e, parecendo-lhes nisso imitar a prudência de Fábio Máximo que, evitando combater, salvou o Estado de Roma, não entendem que na maioria das vezes esse conselho é nulo ou danoso. Porque se deve tomar essa conclusão: que um capitão, que queira estar em campanha, não pode fugir à batalha toda vez que o inimigo a queira fazer de qualquer modo. E não é outra essa instrução do que dizer: "Faz a batalha a propósito do inimigo e não a teu". Porque, querendo estar em campanha e não fazer a batalha, não há outro remédio seguro do que se pôr, ao menos, cinquenta milhas distantes do inimigo e, além disso, ter bons espiões, de modo que, vindo aquele contra ti, tu tenhas tempo para afastar-te. Uma outra estratégia é: entrincheirar-se em uma cidade; e uma e outra dessas duas estratégias são danosíssimas. Na primeira, deixa-se à predação do inimigo o seu país, e um príncipe valente preferirá, em vez disso, tentar a sorte da guerra do que alongá-la com tanto dano para os súditos. Na segunda, a derrota é manifesta; porque convém que, entrincheirando-te com um exército em uma cidade, tu venhas a ser assediado e, em pouco tempo, padeças fome e venha a rendição. De modo que fugir da batalha por esses dois modos é danosíssimo. O modo que empregou Fábio Máximo, ao ficar nos lugares fortificados, é bom quando tu tens um exército tão *virtuoso* que o inimigo não ouse atacar-te em uma posição que te seja vantajosa. Nem se pode dizer que Fábio Máximo fugisse à batalha, mas muito mais que a quisesse fazer em sua vantagem; porque, se Aníbal tivesse ido encontrá-lo, Fábio o teria esperado e feito a batalha contra ele; mas Aníbal não ousou jamais combater com Fábio à maneira desse. Tanto que a batalha foi evitada por Aníbal assim como por Fábio; mas se um deles estivesse decidido a fazê-la de qualquer modo, o outro não teria senão um entre três remédios: os dois supramencionados, ou a fuga.

E que isso que eu digo seja verdadeiro, vê-se, manifestamente, com mil exemplos, e sobretudo na guerra que os romanos fizeram com Filipe da Macedônia, pai de Perseu: porque Filipe, sendo atacado pelos romanos, deliberou não entrar em combate; e por não entrar quis fazer, primeiramente, como havia feito Fábio Máximo na Itália; e se posicionou com o seu exército sobre o topo de um monte, onde se fortaleceu bastante, julgando que os romanos não ousariam entrar em combate com ele. Mas foram até ele e combateram-no, caçando-o naquele monte; e ele, não podendo resistir, fugiu com a maior parte do seu exército. E o que o salvou, que fez com que não fosse totalmente destruído, foi a iniquidade da região, a qual não permitiu que os romanos pudessem segui-lo. Filipe, portanto, não querendo guerrear e tendo-se acampado próximo aos romanos, teve que fugir; e tendo conhecido, por essa experiência, de que, não querendo combater, não lhe bastava estar sobre os montes e, nas planícies, não querendo enclausurar-se, deliberou tomar um outro caminho, de ficar distante muitas milhas do campo romano. De modo que, se os romanos estavam em uma província, ele andava em outra; e sempre assim, onde os romanos partiam, ele entrava.

E vendo, ao fim, que ao alongar a guerra por essa via, as suas condições pioravam, e que a sua matéria humana era oprimida, ora por ele, ora por seus inimigos, deliberou tentar a sorte da guerra, e assim vem contra os romanos em uma batalha justa. É útil, portanto, não combater quando os exércitos têm essas condições que tinha o exército de Fábio e depois tem aquele de Caio Sulpício; ou seja, ter um exército tão bom que o inimigo não ouse vir a encontrar-te dentro da tua fortaleza, e que o inimigo esteja em tua casa sem ter tomado muito pé e onde passe por necessidade para viver. Não combater é, portanto, nesse caso, estratégia útil, pelas razões dadas por Tito Lívio: "Não querendo arriscar a sua sorte em uma batalha campal contra um inimigo que o tempo e o lugar estranho deterioravam dia após dia". Mas em todas as outras circunstâncias não se pode fugir à batalha, senão com a tua desonra e perigo. Porque evadir-se, como fez Filipe, é como ser derrotado, e com mais vergonha quanto menor for a prova dada da tua *virtù*. E se ele chegou a salvar-se, não chegaria a tanto um outro que não fosse ajudado pelo terreno[42], como ele.

Que Aníbal não fosse mestre de guerra, isso ninguém jamais dirá; e indo de encontro a Cipião, na África, se ele tivesse visto vantagem em alongar a guerra, ele o teria feito; e, por ventura, sendo ele um bom capitão e tendo um bom exército, teria podido fazê-lo, como fez Fábio na Itália; mas, não o tendo feito, deve-se crer que alguma causa importante o movesse. Porque um príncipe que tenha um exército reunido e veja que, por falta de dinheiro ou de aliados, não pode manter longamente tal exército, é totalmente insano se não tenta a sorte antes que tal exército venha a se dissolver; porque, esperando, ele certamente perde; tentando, poderia vencer. Uma outra coisa que é de se estimar ainda mais, é que se deve, ainda que perdendo, querer conquistar glória; e mais glória há em ser vencido pela força do que por outro inconveniente que te tenha feito perder. De modo que Aníbal devia estar constrangido por essas necessidades. E Cipião, por outro lado, quando Aníbal tivesse postergada a batalha, e não lhe tivesse bastado a disposição para ir encontrá-lo nos lugares fortificados, não sofreria, por ter já vencido Sífax e conquistado tantas terras na África que poderia estar seguro e com comodidade, como sofreu na Itália. O que não caberia a Aníbal quando foi de encontro a Fábio; nem a esses gauleses quando foram de encontro a Sulpício.

Tanto menos ainda pode fugir da batalha aquele que, com o seu exército, ataca o país dos outros; porque, se quer entrar no país do inimigo, convém, quando o inimigo lhe vai de encontro, guerrear com ele, e, se põe-se a campo em uma planície, obriga-se tanto mais à guerra, como, nos nossos tempos, aconteceu ao duque Carlo, de Bolonha, que, estando acampado em Moratto, terra dos suíços, foi atacado e derrotado por eles; e como aconteceu ao exército da França que, acampando em Novara, foi igualmente derrotado pelos suíços.

11

Quem tem que guerrear contra muitos, ainda que seja inferior, vence, desde que possa conter os primeiros ímpetos

Foi grande o poder dos tribunos da plebe na cidade de Roma, e isso foi necessário (como nós temos, muitas vezes[43], discursado), porque, de outro modo, não se teria podido colocar freio na ambição da nobreza, a qual teria, muito tempo antes, segundo a ordem natural, corrompido aquela república. No entanto, porque em todas as coisas, como em outra ocasião se disse[44], nasce algum mal intrínseco que faz surgir novos acidentes, é necessário contra isso munir-se com novos regramentos. Tendo-se tornado, portanto, a autoridade dos tribunos insolente e extraordinária à nobreza e a toda Roma, teria nascido disso algum inconveniente danoso à liberdade romana, se Ápio Cláudio não tivesse mostrado o modo de se defender contra a ambição dos tribunos; o qual foi que, encontrando sempre entre eles alguém que fosse ou temeroso ou corruptível ou amante do bem comum, o dispunham de modo a opor-se à vontade daqueles outros que quisessem aprovar alguma deliberação contra a vontade do Senado. Remédio o qual foi um grande comedimento a tanta autoridade, e por muito tempo favoreceu Roma. O que me fez considerar que, toda vez que estão muitos poderosos unidos contra um outro poderoso, ainda que todos juntos sejam muito mais potentes do que aquele, no entanto, deve-se sempre esperar mais daquele sozinho e menos forte do que daqueles muitos, mesmo que fortíssimos. Porque, deixando de lado todas aquelas coisas das quais um só pode se valer mais do que muitos, que são infinitas, sempre ocorrerá isso: que poderá, usando um pouco de engenhosidade, desunir os muitos, e tornar débil aquele corpo que era forte. Eu não quero trazer exemplos antigos sobre isso, que seriam muitos, mas quero que me bastem os modernos, ocorridos nos nossos tempos.

Em 1483, toda a Itália conspirou contra os venezianos; e dado que eles foram totalmente vencidos e não puderam mais estar com o exército em campanha, corromperam o Senhor Ludovico, que governava Milão, e, por meio dessa corrupção, fizeram um acordo, pelo qual não somente devolveriam as terras tomadas, mas usurpariam parte do Estado de Ferrara. E, assim, aqueles que estavam perdendo a guerra, tornaram-se superiores na paz. Poucos anos se passaram, todo mundo conspirou contra a França; no entanto, antes que se visse o fim da guerra, a Espanha rebelou-se dos confederados e fez acordo com ela, de modo que os outros confederados foram obrigados, pouco depois, a fazer também um acordo com eles. Tal que, sem dúvida, deve-se sempre julgar, quando se vê uma guerra movida por muitos contra um, que aquele um venha a tornar-se superior, quando seja de tal *virtù* que possa conter os primeiros ímpetos e, contemporizando, esperar o tempo propício. Porque, se as coisas não fossem assim conduzidas, existiriam mil perigos: como aconteceu com os venezianos em 1508, os quais, se tivessem podido contemporizar com o exército francês e tivessem tempo para ganhar algum daqueles que lhe estavam coligados contra, teriam evitado aquela ruína; mas não tendo exércitos *virtuosos* para poder contemporizar com o inimigo, e por isso não tendo tempo de ganhar algum coligado, arruinaram. Porque se viu que o papa, tendo reavido as suas coisas, fez-se amigo deles, e assim a Espanha; e muito gostariam que um e outro desses dois príncipes tivessem ganho para si, lutando contra a França, o Estado da Lombardia, para que ela não se fizesse tão grande na Itália, se eles tivessem podido. Os venezianos podiam, portanto, conceder parte para salvar o resto; o que, se eles tivessem feito a tempo que parecesse que não tivessem sido movidos pela necessidade e antes do início da guerra, seria sapientíssima decisão; mas, no curso da guerra, era vituperioso e aventura de pouco proveito. Todavia, diante de tais movimentos, poucos cidadãos de Veneza podiam ver o perigo, pouquíssimos ver o remédio, e ninguém a aconselhá-los. Mas, para retornar ao princípio deste discurso, concluo que, assim como o Senado romano encontrou remédio para a saúde da pátria contra a ambição dos tribunos, por serem muitos, assim terá remédio qualquer príncipe que for atacado por muitos, desde que saiba, com prudência, empregar meios convenientes e desuni-los.

12

Como um capitão prudente deve impor a necessidade de combater aos seus soldados, e tolhê-la aos soldados dos inimigos

Em outra ocasião[45] discursamos sobre o quanto a necessidade é útil às ações humanas e sobre aquela glória que está nas condutas dirigidas por ela; e de como foi escrito, por alguns filósofos moralistas, que as mãos e a língua dos homens, dois nobilíssimos instrumentos a enaltecê-los, não teriam operado perfeitamente nem conduzido as obras humanas àquela alteza a que se veem conduzidas, se não fossem impelidos pela necessidade. Sendo conhecida, portanto, pelos antigos capitães dos exércitos a *virtù* de tal necessidade, e quanto, por meio dela, os ânimos dos soldados tornaram-se obstinados ao combater, e como planejavam todas as suas ações para que os seus soldados fossem impelidos por ela e, por outro lado, valiam-se de toda engenhosidade para que o inimigo se liberasse dela. E desse modo muitas vezes abriam ao inimigo aquele caminho que eles lhe podiam fechar, e a seus próprios soldados fechavam aquele que podiam deixar aberto. Aquele, portanto, que deseja ou que uma cidade se defenda obstinadamente ou que um exército em campanha combata obstinadamente, deve, acima de todas as coisas, engenhar-se para que os que têm que combater levem tal necessidade em seus peitos. Razão pela qual um capitão prudente, que tivesse que ir a uma expugnação de uma cidade, deve mensurar a facilidade ou a dificuldade da ação ao conhecer e considerar que necessidade obriga os habitantes daquela a defender-se; e se encontrasse grande necessidade que os obrigue à defesa, julgar a expugnação difícil; de outro modo, julgá-la fácil. Daqui nasce que as terras depois da rebelião são mais difíceis de reconquistar do que antes, por ocasião da primeira conquista; porque, no princípio, não havendo motivo para temer a punição, por não ter ofendido, rendem-se facilmente; mas parecendo a eles, tendo-se depois rebelados, terem ofendido, e por isso temendo a punição, tornam-se difíceis de ser expugnadas. Nasce ainda tal obstinação dos ódios naturais que têm os príncipes vizinhos e as repúblicas vizinhas uns dos outros, o que se origina da ambição de dominar e do ciúme do Estado alheio, sobretudo se são repúblicas, como acontece na Toscana; rivalidade e contestação as quais têm feito e farão sempre difícil a expugnação de uma pela outra. Portanto, quem considera bem sobre os vizinhos da cidade de Florença e os vizinhos da cidade de Veneza, não se maravilhará, como muitos fazem, que Florença tenha gastado mais, nas guerras, e conquistado menos do que Veneza. Porque tudo nasce dos venezianos não terem tido as terras vizinhas tão obstinadas à defesa quanto Florença, por estarem todas as cidades limítrofes a Veneza acostumadas a viver sob um príncipe e não acostumadas a viver livre; e aqueles que estão acostumados a servir, pouco estimam a mudança de soberano, ainda que muitas vezes a desejem. De modo que Veneza, ainda que tenha tido vizinhos muito mais poderosos do que Florença, por ter encontrado as terras vizinhas menos obstinadas, pôde mais vezes vencer, o que não tem feito aquela, sendo totalmente circundada por cidades livres.

Deve, portanto, um capitão, para retornar ao primeiro discurso, quando ele ataca uma terra, engenhar-se em tolher, com toda a diligência, nos defensores daquela, tal necessidade e, por consequência, tal obstinação, prometendo perdão se eles têm medo da punição, e se eles têm medo da liberdade, mostrar não ir contra o bem comum, mas contra os poucos ambiciosos da cidade; coisa a qual muitas vezes facilitou os empreendimentos e a expugnação das terras. E ainda que tais simulações sejam facilmente conhecidas, e, sobretudo, pelos homens prudentes, têm, no entanto, enganado frequentemente o povo, o qual, ávido pela presente paz, fecha os olhos a qualquer outro laço que se estendesse sob as largas promessas. E, por essa via, inúmeras cidades tornaram-se servas, como aconteceu com Florença em tempos recentes; e como aconteceu a Crasso e ao seu exército. O qual, embora conhecesse as vãs promessas dos Partas, as quais eram feitas para tolher aos seus soldados a necessidade de defender-se, não os pôde manter obstinados, cegados que foram pelas ofertas de paz que lhes eram feitas pelos seus inimigos; conforme se vê, especialmente, lendo sobre a vida daquele. Digo ainda que, tendo os samnitas, fora das convenções do acordo, pela ambição de poucos, corrido e predado sobre os campos dos confederados romanos e tendo, depois, mandado embaixadores a Roma a pedir paz, oferecendo restituir as coisas predadas e de aprisionar os autores dos tumultos e da predação, foram rebatidos pelos romanos. E, de volta a Sâmnio, sem esperança de acordo, Cláudio Pôncio, então capitão do exército dos samnitas, com sua notável oração, mostrou como os romanos queriam a guerra de qualquer modo; e ainda que, por eles, se desejasse a paz, a necessidade os obrigava a entrar em guerra, dizendo estas palavras: "Justa é a guerra que é necessária, e pia é a armada em que a esperança não está senão nas armas"[46]; sobre cuja necessidade ele fundou, com os seus soldados, a esperança da vitória. E, para não ter que voltar mais a esse assunto, parece-me oportuno agregar aqueles exemplos romanos que são mais dignos de serem notados. Estava Caio Manílio, com o exército, de encontro aos veios; e, tendo parte do exército inimigo entrado na sua paliçada, Manílio corre com uma parte em socorro daqueles; e, para que os veios não pudessem salvar-se, ocupou todas as entradas do campo; donde, vendo-se os veios presos, começaram a combater com tanta raiva que amassaram Manílio e teriam oprimido o restante dos romanos se, devido à prudência de um tribuno, não lhes tivessem aberto o caminho de saída. Onde se vê como, enquanto a necessidade obrigou os veios a combater, combateram ferocissimamente; mas quando viram o caminho aberto, pensaram mais em fugir do que em combater.

Os volscos e os équos haviam entrado com os seus exércitos nos confins romanos, que mandaram de encontro a eles os cônsules. De modo que, no curso da batalha, o exército dos volscos, do qual era cabeça Vezio Messio, encontrou-se, de repente, preso entre as suas paliçadas, ocupadas pelos romanos, e outro exército romano; e vendo como precisava ou morrer ou abrir caminho a ferro, disse a seus soldados essas palavras: "Segui-me: não é um muro ou um fosso que vos impedirá, mas homens opondo-se a outros homens armados; e se a *virtù* nos iguala ao inimigo, vós sois superiores pela necessidade que vos obriga, arma última e máxima"[47]. De modo que essa necessidade é chamada por Tito Lívio de "última e máxima arma". Camilo, prudentíssimo dentre todos os capitães romanos, estando já dentro da cidade dos veios com o seu exército, para facilitar a tomada daquela e tolher ao inimigo uma última necessidade de defender-se, comandou, de modo que os veios o ouvissem, que ninguém ofendesse aqueles que estivessem desarmados, de modo que, lançadas as armas em terra, tomou-se aquela cidade quase sem sangue. Modo de ação o qual foi, depois, imitado por muitos capitães.

13

Em quem seria melhor confiar, ou em um bom capitão que tenha um exército débil, ou em um bom exército que tenha um capitão débil

Vindo Coriolano[48] a exilar-se de Roma, procurou os volscos; onde contratou um exército e, para vingar-se contra os seus cidadãos, vem a Roma; de onde, depois, levantou o cerco, mais pela piedade de sua mãe do que pelas forças dos romanos. Tito Lívio, pensando sobre esse exemplo, disse ser por isso conhecido que a República Romana cresceu mais por causa da *virtù* dos capitães do que a dos soldados, considerando como os volscos, até então, sempre eram derrotados e que somente depois que Coriolano foi o seu capitão tornaram-se vencedores. E ainda que Lívio tenha essa opinião, no entanto, vê-se, em muitos exemplos da sua história, a *virtù* dos soldados sem capitão terem dado maravilhosas provas, e tendo sido mais organizados e mais ferozes depois da morte de seus cônsules do que antes que morressem. Como ocorreu no exército que os romanos tinham na Espanha sob o comando dos cipiões; o qual, mortos os dois capitães, pôde, com a sua *virtù*, não somente salvar a si mesmo, mas vencer o inimigo e conservar aquela província para a república. De modo que, refletindo amplamente, se encontrará muitos exemplos onde somente a *virtù* dos soldados venceu a batalha, e muitos outros onde somente a *virtù* dos capitães terá alcançado o mesmo efeito; de modo que se possa julgar que um precise do outro, e o outro de um.

É oportuno considerar, também, qual seria mais temível, ou um bom exército malcapitaneado, ou um bom capitão acompanhado de um mau exército. E seguindo nisso a opinião de César, deve-se estimar pouco tanto a um como a outro. Porque, indo ele à Espanha contra Afrânio e Petreio, que tinham um ótimo exército, disse que os estimava pouco, "porque andava contra um exército sem capitão"[49], mostrando a debilidade dos capitães. Ao contrário, quando foi a Tessália contra Pompeu, disse: "Vou contra um capitão sem exército"[50].

Uma outra coisa ainda se pode considerar: o que é mais fácil, ou um bom capitão fazer um bom exército ou um bom exército fazer um bom capitão. Sobre isso eu digo que a questão parece decidida; porque mais facilmente muitos bons encontrarão ou instruirão um ao ponto de que se torne bom, o que não fará um de muitos. Lúculo, quando foi mandado contra Mitridate, era totalmente inexperiente na guerra; no entanto, aquele bom exército, onde havia muitos ótimos cabeças, fizeram dele, em breve, um bom capitão. Os romanos armaram, pela falta de homens, muitos servos e os deram, para exercitarem-se, a Semprônio Graco, o qual, em pouco tempo, formou um bom exército. Pelópidas e Epaminondas, como dissemos em outro lugar[51], depois que libertaram sua pátria, Tebas, da servidão dos Espartanos, em pouco tempo fizeram dos cidadãos tebanos ótimos soldados, que não puderam somente conter a milícia espartana, mas vencê-la. De modo que a coisa é equivalente, porque um bom pode encontrar o outro. Todavia, um bom exército sem um bom cabeça costuma tornar-se insolente e perigoso; como tornou-se o exército da Macedônia depois da morte de Alexandre, e como eram os soldados veteranos nas guerras civis. Tanto que eu creio que seja melhor confiar em um capitão que tivesse tempo para instruir homens e comodidade para armá-los, do que em um exército insolente com um cabeça tumultuador feito por eles. Porém, é de duplicar a glória e o louvor àqueles capitães que não somente tiveram que vencer o inimigo, mas que, antes de entrar em confronto com ele, tenham instruído o seu exército e o tornado bom; porque nisso mostra-se dupla *virtù*, e tão rara que, se tal trabalho tivesse sido dado a muitos, não seriam tão estimados e reputados como são.

14

Que efeito produzem as novas invenções que aparecem no meio da batalha e as novas vozes de comando que são ouvidas

O quão importante é, nos conflitos e nas batalhas, um acidente que nasça por algo de novo que se veja ou ouça, demonstra-se com muitos exemplos e, sobretudo, por este exemplo que ocorreu na guerra que os romanos fizeram contra os volscos: onde Quíncio, vendo inclinar uma das alas de seu exército, começou a gritar forte que se mantivessem firmes, porque a outra ala do exército era vitoriosa: palavra com a qual, tendo dado ânimo aos seus e provocado temor nos inimigos, venceu. E se tais vozes fazem grandes efeitos em um exército bem ordenado, em um tumultuado e mal-ordenado o fazem grandíssimo, porque tudo é agitado no mesmo vento. Eu quero acrescentar um exemplo notável ocorrido nos nossos tempos. A cidade de Perúgia esteve, há poucos anos, dividida em duas partes, Oddi e Baglioni. Estes reinavam; os outros estavam exilados. Os quais, tendo, mediante seus amigos, reunido exército e concentrando-se em alguma área próxima a Perúgia, entraram uma noite naquela cidade, com a ajuda de parte, e, sem serem descobertos, foram tomar a praça. E porque aquela cidade, em todos os cantos das ruas, tem correntes que a mantém obstruída, encontraram-se os Oddi defronte a um que, com um bastão de ferro, rompia a fechadura, de modo que os cavalos pudessem passar; e restando-lhes romper somente aquela, que desembocava na praça, e sendo o rumor já levado ao exército, e sendo aquele que rompia a fechadura pressionado pela turba que lhe vinha logo atrás, não podendo, por isso, levantar bem os braços para romper a fechadura, disse, para poder manejar o bastão: "Para trás!"; palavras as quais, andando de grau em grau, repetindo "para trás", começaram a fazer com que os últimos fugissem, e, um por um, os outros, com tanta fúria, que por eles mesmos se dispersaram, e assim restou vão o plano dos Oddi por causa de tão débil acidente.

Donde é de se considerar que não só os regramentos, em um exército, são necessários para poder combater organizadamente, mas também a atenção para que qualquer mínimo acidente não te desordene. Não por outro motivo que a multidão é inútil para a guerra, pois, cada rumor, cada palavra, qualquer estrondo a altera e a faz fugir. E, todavia, um bom capitão, entre outras ordens suas, deve ordenar quem são aqueles que podem tomar a sua voz e remetê-la a outros, e habituar os seus soldados para que não creiam senão naqueles, e a seus capitães que não digam senão aquilo que por ele é ordenado; porque, não observada bem, essa parte tem sido causa, muitas vezes, de grandíssimas desordens.

Quanto ao ver coisas novas, deve um capitão engenhar-se em fazer aparecer alguma, enquanto os exércitos estejam em suas mãos, que dê ânimo aos seus e iniba-o aos inimigos; porque, dentre os acidentes que te darão a vitória, este é eficacíssimo. Sobre o que se pode aduzir, como prova, Caio Sulpício, ditador romano, o qual, vindo à batalha com os gauleses, armou todos os saqueadores e gente vil do campo, fazendo-os montar sobre as mulas e outros animais de carga, com armas e bandeiras de modo a parecerem gente a cavalo, e os enviou, sob as bandeiras, atrás de uma colina, e ordenou que, a um sinal dado, no momento em que a batalha estivesse mais aguerrida, se descobrissem e se mostrassem ao inimigo. Coisa a qual assim ordenada e feita, infundiu tanto terror nos gauleses que perderam a batalha. E, contudo, um bom capitão deve fazer duas coisas: uma, procurar, com alguma dessas novas invenções, atemorizar o inimigo; a outra é estar preparado de modo que, sendo feitas pelo seu inimigo, possa descobri-las e fazer com que se tornem vãs. Como fez o rei da Índia a Semíramis, a qual, vendo como aquele rei possuía um bom número de elefantes, para atemorizá-lo e para mostrar-lhe que o seu exército era ainda mais numeroso, vestiu muitos com couro de búfalos e de vacas e os fez montar sobre camelos, e os mandou à frente; mas, reconhecida pelo rei a fraude, tornou aquele seu plano não somente vão, mas danoso. Mamerco era ditador contra os Fideneses, os quais, para atemorizarem o exército romano, ordenaram que, no ardor da batalha, saísse para fora de Fidene um certo número de soldados com fogo na ponta de suas lanças, de modo que os romanos, ocupados pela novidade da coisa, rompessem, entre si, as ordens dadas. Sobre o que é de se notar que, quando tais invenções têm mais de verdadeiro do que de fictício, pode-se então bem representá-las aos homens, porque tendo muito de verdadeira força, não se pode descobrir tão rápido a sua debilidade; mas quando têm mais de fictício do que de verdadeiro, é adequado ou não as fazer ou, fazendo-as, mantê-las longe, de modo que não possam ser tão rapidamente descobertas; como fez Caio Sulpício com as mulas. Porque, se a debilidade é real, expondo-a, é descoberta imediatamente, e essas invenções te fazem dano e não favor, como fizeram os elefantes a Semíramis e as tochas aos fidenenses; os quais, ainda que no princípio turbassem um pouco o exército, todavia, como o ditador sobreveio e começou a gritar aos soldados perguntando-lhes se não se envergonhavam em fugir da fumaça como abelhas, e que deveriam lutar contra eles: "Destruí com as próprias chamas aquela Fidene que não haveis podido aplacar com a benevolência"[52]; com isso, tornou inútil aquela fraude armada pelos fidenenses, os quais perderam a batalha.

15

Que um e não muitos devem ser prepostos a um exército, e como o excesso de comandantes é prejudicial

Tendo-se rebelados os fidenenses, e tendo eles destruído aquela colônia que os romanos haviam instalado em Fidene, os romanos criaram, para remediarem esse insulto, quatro tribunos com poder consular; dos quais, deixando um à guarda de Roma, mandaram três contra os fidenenses e os veios; os quais, por estarem divididos entre si e desunidos, trouxeram desonra a si e não dano ao inimigo, porque da desonra foram eles a causa, e do não receber dano a causa foi a *virtù* dos soldados. E os romanos, vendo essa desordem, recorreram à criação do ditador[53], a fim de que somente um reordenasse aquilo que três haviam desordenado. Donde se conhece a inutilidade de muitos comandantes em um exército ou em uma terra que tenha que se defender; e Tito Lívio não o poderia dizer mais claramente do que com as seguintes palavras: "Três tribunos com poderes consulares mostraram claramente o quanto é danosa na guerra a divisão do comando supremo; inclinando-se cada um a seguir a própria opinião, e tendo cada um uma opinião diversa, criaram uma ocasião favorável ao inimigo"[54]. E ainda que este seja frequentemente o exemplo a provar a desordem que fazem na guerra os muitos comandantes, quero acrescentar algum outro, um moderno e um antigo, para maior esclarecimento da coisa.

Em 1500, depois da retomada de Milão feita pelo rei da França, Luís XII mandou a sua gente a Pisa para restituí-la aos florentinos, os quais mandaram como comissários Giovambattista Ridolfi e Luca de Antônio, dos Albizi. E porque Giovambattista era homem de reputação e mais velho, Luca deixava que todas as coisas fossem governadas por aquele. E se ele não demonstrava a sua ambição ao se opor a algo, a demonstrava com o calar e com o descuidar e com o vilipendiar todas as coisas, de modo que não ajudava nas ações estratégicas, nem com realizações nem com conselhos, como se fosse um homem sem importância. Mas se viu, depois, o oposto, quando Giovambattista, por certo incidente que aconteceu, teve que retornar a Florença; onde Luca, permanecendo sozinho, demonstrou com que ânimo, com que engenhosidade e de que conselhos se valia em todas as coisas as quais, enquanto vivia em companhia, eram perdidas. Quero, de novo, apoiar-me, em confirmação disso, em palavras de Tito Lívio, o qual, referindo-se como, tendo os romanos enviado Quíncio e seu colega Agripa contra os équos, Agripa queria que toda a administração da guerra fosse entregue a Quíncio, e disse: "É sumamente útil, na condução dos grandes empreendimentos, que o supremo comando caiba a um só"[55]. O que é contrário àquilo que hoje fazem essas nossas repúblicas e príncipes, de mandar aos lugares, para melhor administrá-los, mais de um comissário e mais de um cabeça, o que provoca uma inestimável confusão. E caso se abordasse as causas da ruína dos exércitos italianos e franceses em nossos tempos, se encontraria esta como sendo a principal. E pode-se concluir verdadeiramente de que é melhor mandar em uma expedição um único homem de grande prudência do que juntos dois valentíssimos homens com a mesma autoridade.

16

Que se há de encontrar a verdadeira *virtù* nos tempos difíceis; e, nos tempos fáceis, não os homens virtuosos, mas aqueles que por riqueza ou relações de parentesco são mais afortunados

Sempre foi e sempre será verdade que os grandes e raros homens, em uma república, nos tempos pacíficos, sejam negligenciados; porque, pela inveja lançada sobre a reputação que a *virtù* desses lhes deu, encontram-se, em tais tempos, muitos cidadãos que querem, não ser iguais a eles, mas serem superiores a eles. E sobre isso há um bom exemplo em Tucídides, historiador grego, o qual mostra como, tendo a república ateniense permanecido em uma posição superior na Guerra do Peloponeso e tendo freado o orgulho dos espartanos e quase submetido todo o resto da Grécia, saiu com tanta reputação que projetou ocupar a Sicília. Esse projeto veio em discussão em Atenas; Alcibíades e outros cidadãos aconselhavam que ele fosse feito, como aqueles que, pensando pouco no benefício público, pensavam em honra própria, desejando ser cabeças de tal empreendimento. Mas Nícias, que era o primeiro dentre os estimados de Atenas, argumentava contra; e a maior razão, ao discursar ao povo, uma vez que o povo nele confiava, era esta: aconselhando isso, que não fizessem essa guerra, aconselhava algo que não fazia por ele; porque, estando Atenas em paz, sabia que havia muitíssimos cidadãos que queriam superá-lo em reputação; mas, fazendo a guerra, sabia que nenhum cidadão lhe seria superior ou igual.

Vê-se, portanto, como nas repúblicas há essa desordem, de conceder pouca estima aos homens valentes em tempos de paz. Coisa a qual os faz indignar-se de duas maneiras: uma, por perderem o seu posto; a outra, por verem homens indignos e com menos capacidade do que eles se tornarem companheiros e superiores seus. Desordens as quais têm causado muitas ruínas nas repúblicas, porque aqueles cidadãos que se veem desprezar imerecidamente e conhecem que a causa são os tempos fáceis e não perigosos, engenham-se em turbá-los, movendo novas guerras em prejuízo da república. E pensando quais poderiam ser os remédios, encontro dois: um, manter os cidadãos pobres, para que, com as riquezas, mas sem a *virtù*, não pudessem corromper nem a si, nem aos outros; o outro, organizar-se quanto à guerra de modo que sempre pudesse fazer guerra, e sempre houvesse necessidade de cidadãos estimados, como os romanos nos seus primeiros tempos. Porque, tendo aquela cidade sempre exércitos em campanha, sempre havia lugar para a *virtù* dos homens, nem se poderia tolher o posto a alguém que o merecesse e dá-lo a alguém que não merecesse; pois, mesmo se isso fosse feito alguma vez, por erro ou por experimentação, seguiriam logo uma tal desordem e tais perigos que a retornariam subitamente ao verdadeiro caminho. Mas as outras repúblicas, que não são ordenadas como aquela, e que fazem somente guerra quando a necessidade as obriga, não podem defender-se de tal inconveniente; mas antes incorrerão nele e, assim, sempre nascerá desordem, se aquele cidadão negligenciado e *virtuoso* for vingativo e tenha, na cidade, algum prestígio e apoio. E a cidade de Roma encontrou o remédio para isso por um tempo. Mas mesmo ela, depois que havia vencido Cartago e Antíoco (como em outro lugar se disse[56]), não temendo mais as guerras, parecia poder confiar o exército a qualquer um que quisesse, não resguardando nem a *virtù* nem as outras qualidades que lhe dessem a benevolência do povo. Pelo que se viu que Paulo Emílio teve muitas vezes a repulsa no consulado, nem foi feito cônsul antes que surgisse a guerra macedônica, a qual, julgada como perigosa, por consenso de toda a cidade, foi confiada a ele.

Tendo a nossa cidade de Florença, depois de 1494, vivenciado seguidas guerras e tendo todos os cidadãos florentinos tido uma má experiência, restabeleceu-se a sorte da cidade em alguém que mostrou como se deveria comandar os exércitos, o qual foi Antônio Giacomini. E, enquanto teve que fazer guerras perigosas, cessou toda a ambição dos outros cidadãos, e na eleição do comissário e cabeça dos exércitos não tinha concorrente algum; mas quando se devia fazer uma guerra em que não havia nenhuma dúvida quanto à vitória e à muita honra e grandeza, encontraram-se tantos concorrentes que, precisando-se eleger três comissários para cercar Pisa, ele foi deixado para trás. E ainda que não se visse evidentemente que mal se seguiria ao bem público por não terem mandado Antônio, todavia, teria sido possível fazer uma facílima conjetura; porque, não tendo os pisanos mais com o que defender-se nem do que viver, se fosse com Antônio, seriam constrangidos a tal ponto que se entregariam aos florentinos. Mas, sendo eles assediados por cabeças que não sabiam nem constrangê-los nem forçá-los, foram entretidos a tal ponto que a cidade de Florença os comprou, onde a podiam ter pela força. Convém supor que tal desdém pudesse afetar muito Antônio; e precisava que ele fosse muito paciente e bom para não desejar vingar-se, ou com a ruína da cidade, se pudesse, ou com a injúria de algum cidadão em particular. Algo do que uma república deve resguardar-se, como no próximo capítulo se discorrerá.

17
Que não se ofenda alguém e, depois, confie-se a esse mesmo um cargo de importância na administração e no governo

Deve uma república considerar muito em não colocar alguém à frente de alguma importante administração, ao qual tenha sido feita por alguém alguma injúria notável. Cláudio Nero partiu com o exército que ele tinha contra Aníbal e com parte dele foi a Ancona para encontrar outro cônsul para combater contra Asdrúbal antes que esse se unisse a Aníbal, sendo que, anteriormente, na Espanha, Cláudio já se encontrara diante de Asdrúbal. E, naquela ocasião, havendo-o cercado em um lugar com o seu exército, de modo que precisaria ou que combatesse em sua desvantagem ou morresse de fome, foi por Asdrúbal astutamente entretido com certas promessas de acordo, a ponto de que ele saiu sob elas, e tolheu a Cláudio aquela ocasião de oprimi-lo. Notícia a qual, tendo chegado a Roma, causou imediatamente grande apreensão ao Senado e ao povo, e dele foi falado desonestamente por toda aquela cidade, não sem grande desonra e desdém para ele. Mas, sendo depois feito cônsul, e mandado de encontro a Aníbal, tomou a supracitada decisão, a qual foi perigosíssima; de modo que Roma esteve totalmente dúbia e sublevada até que vieram as novas da derrota de Asdrúbal. E tendo sido depois perguntado a Cláudio por qual razão havia tomado uma decisão assim perigosa, na qual, sem que houvesse uma necessidade extrema, ele havia quase jogado a liberdade de Roma, respondeu que o havia feito porque sabia que, se fosse bem-sucedido, reconquistaria aquela glória que havia perdido na Espanha, e que, se essa sua decisão tivesse tido um fim contrário, sabia que se vingaria contra aquela cidade e aqueles cidadãos que o tinham tão ingratamente e abertamente ofendido. E, na medida em que essas paixões decorrentes de tais ofensas podem tanto em um cidadão romano, e naqueles tempos em que Roma era ainda incorrupta, deve-se pensar o quanto elas podem em um cidadão de uma outra cidade que não seja feita como era então aquela. E porque a desordens similares que nascem nas repúblicas não se pode dar um remédio certo, segue-se que é impossível ordenar uma república perpetuamente, porque a sua ruína é causada por milhares de razões inesperadas.

18
Nenhuma coisa é mais digna de um capitão do que prever as estratégias dos inimigos

Dizia o tebano Epaminondas que nenhuma coisa era mais necessária e mais útil a um capitão do que conhecer as deliberações e as estratégias do inimigo. E porque tal conhecimento é difícil, merece mais louvor aquele que também pratica o que conjetura. E não só é difícil entender os planos do inimigo como, às vezes, é difícil entender as suas ações; e não tanto as ações que por ele são feitas a distância quanto as presentes e próximas. Porque, muitas vezes, sucedeu que, tendo durado uma batalha até a noite, quem venceu creia ter perdido, e quem perdeu creia ter vencido. Erro o qual tem feito deliberar de forma contrária à saúde daquele que tem deliberado; como aconteceu a Bruto e Cássio, os quais, por esse erro, perderam a guerra, pois, tendo Bruto vencido com sua ala, acreditou Cássio, que havia perdido, que todo o exército tivesse sido derrotado; e, desesperado por esse erro em relação à sua saúde, amassou a si mesmo. Nos nossos tempos, Francisco, o rei da França, na batalha que fez contra os suíços em Santa Cecília, na Lombardia, sobrevindo a noite, os suíços acreditaram, entre aqueles que permaneceram inteiros, terem vencido, não sabendo nada acerca daqueles que haviam sido derrotados e mortos; erro o qual fez com que eles mesmos não se salvassem, ao voltarem ao combate pela manhã com tanto em sua desvantagem; e fizeram com que também errassem, e por tal erro quase arruinar-se, o exército do papa e da Espanha, o qual, devido à falsa nova da vitória, passou o Pó[57] e, se andassem um pouco mais adiante, teriam sido aprisionados pelos franceses, que eram os vitoriosos.

Erro similar ocorreu nos campos romanos e naqueles dos équos; onde, indo o Cônsul Semprônio, com o seu exército, de encontro aos inimigos e iniciando-se a batalha, trabalhou-se naquela jornada até o fim da tarde com a sorte variando para um lado e para o outro. E, vindo a noite, sendo um e outro exército meio derrotado, nenhum deles retornou para os seus alojamentos; antes, cada um retirou-se em colinas próximas, onde acreditavam estar mais seguros; e o exército romano dividiu-se em duas partes: uma ficou com o cônsul; a outra, com um Tempânio, centurião, por cuja *virtù* o exército romano não fora totalmente derrotado naquele dia. Vinda a manhã, o cônsul romano, sem saber mais sobre os inimigos, retirou-se em direção a Roma; o mesmo fez o exército dos équos, porque cada um desses acreditava que o inimigo tivesse vencido, e, no entanto, ambos se retiraram sem proteger os seus alojamentos da predação do inimigo. Aconteceu que Tempânio, que estava com o resto do exército romano, retirando-se ainda esse, soube, de certos feridos dos équos, como os capitães deles tinham partido e haviam abandonado os alojamentos; donde que ele, a partir dessa novidade, entrou nos alojamentos romanos, salvando-os, e depois saqueou aqueles dos équos e voltou a Roma vitorioso. Vitória a qual, como se vê, decorreu do fato de quem primeiro entendeu as desordens do inimigo. Onde se deve notar como pode frequentemente ocorrer que dois exércitos, que estejam frente a frente, estejam na mesma desordem e padeçam das mesmas necessidades, e que aquele que restará, depois, vencedor, é o primeiro a entender a necessidade do outro.

Eu quero dar sobre isso um exemplo doméstico e moderno. No ano de 1498, quando os florentinos tinham um exército numeroso no cerco de Pisa e pressionavam fortemente aquela cidade, da qual, tendo os venezianos tomado a proteção, não vendo outro modo de salvá-la, deliberaram desviar aquela guerra, atacando de uma outra parte o domínio de Florença; e formado um exército poderoso, entraram pelo Val di Lamona e ocuparam o burgo de Marradi e assediaram o castelo de Castiglione, que está situado sobre uma colina. Diante disso, os florentinos deliberaram socorrer Marradi e não diminuir as forças que tinham no cerco de Pisa; e formada nova infantaria e organizada nova cavalaria, mandaram-nas naquela direção: o exército do qual foram cabeças Iacopo IV de Appiano, senhor de Piombino, e o Conde Rinuccio de Marciano. Quando chegaram próximos à colina de Marradi, os inimigos levantaram-se do entorno de Castiglione e refugiaram-se todos no burgo; e, estando um e outro desses exércitos frente a frente alguns dias, sofriam um e outro, muitas vezes, a falta de provisões e de muitas outras coisas necessárias. E não ousando um afrontar o outro, desconhecendo um as desordens do outro, deliberaram em uma mesma noite que ambos levantariam acampamento na manhã seguinte e se retirariam, os venezianos em direção a Bersighella e Faenza, os florentinos em direção a Casaglia e Mugello. Vindo então a manhã, e tendo cada um dos acampamentos começado a enviar as suas bagagens, por acaso uma senhora saiu do burgo de Marradi e veio em direção ao acampamento florentino, confiante pela velhice e pela pobreza, desejosa de ver certos parentes seus que estavam naquele acampamento; pela qual vindo a saber os capitães dos florentinos que o acampamento veneziano partia, tomaram para si essa nova valentia e, mudando a sua decisão, como se eles tivessem desalojado os inimigos, andaram sobre eles e escreveram a Florença tê-los repelidos e vencido a guerra. Vitória a qual não nasceu senão de terem entendido, antes dos inimigos, como eles estavam: notícia a qual, se tivesse chegado antes à outra parte, teria feito contra os nossos o mesmo efeito.

19

Se, ao comandar uma multidão, é mais necessária a benevolência do que a punição

A República Romana estava sublevada pelas inimizades entre nobres e plebeus; no entanto, sobrevindo a guerra, mandaram para a batalha Quíncio e Ápio Cláudio. Ápio, por ser cruel e rude ao comandar, foi desobedecido pelos seus, tanto que, quase derrotado, fugiu da sua província. Quíncio, por ser benevolente e humanitário, teve a obediência de seus soldados e alcançou a vitória. Donde parece que seja melhor, ao se governar uma multidão, ser humano do que soberbo, piedoso do que cruel. No entanto, Cornélio Tácito, com o qual muitos outros escritores concordam, em um aforismo seu conclui o contrário, quando diz: "A reger uma multidão, vale mais a severidade do que a doçura"[58]. E considerando como se possa defender uma e outra dessas opiniões, digo: ou tu tens que comandar homens que sejam normalmente companheiros, ou homens que estejam sempre submetidos a ti. Sendo companheiros teus, não se pode usar inteiramente a punição, nem aquela severidade sobre a qual argumenta Cornélio; e porque a plebe romana tinha em Roma tanto poder quanto a nobreza, não era possível um, que se tornasse príncipe por um tempo, agir contra o outro com crueldade e rudeza. E muitas vezes se viu que melhores frutos obtiveram os capitães romanos que se fizeram amar pelos exércitos e com favores lidaram com eles, do que aqueles que se faziam temer de modo extraordinário; a menos que fossem acompanhados de uma excessiva *virtù*, como foi Mânlio Torquato. Mas quem comanda os súditos, sobre os quais argumenta Cornélio, a fim de que não se tornem insolentes e que, por excessiva afabilidade tua, não te pisem, deve voltar-se mais à punição do que à benevolência. Mas esta também deve ser moderada, de modo que se evite o ódio, porque fazer-se odiar não resultou jamais em algum bem ao príncipe. O modo de evitá-lo é não tocar nos bens dos súditos; porque do sangue, desde que a rapina não esteja oculta, nenhum príncipe é desejoso se dele não necessita, e essa necessidade vem raras vezes; mas, estando-lhe a rapina mesclada, ela vem sempre, nem faltam jamais as causas e o desejo de ampliá-la, como em outro tratado sobre essa matéria largamente se discursou[59]. Mereceu, portanto, mais louvor Quíncio do que Ápio; e a sentença de Cornélio, dentro dos seus limites, e não nas circunstâncias observadas sobre Ápio, merece ser aprovada.

E porque nós falamos da punição e da benevolência, não me parece supérfluo mostrar como um exemplo de humanidade pôde aproximar os faliscos mais do que as armas.

20
Um exemplo de humanidade pôde mais sobre os faliscos do que toda a força romana

Estando Camilo, com o exército, em torno à cidade dos faliscos e àquela assediando, um mestre-escola das mais nobres crianças daquela cidade, pensando em agradar Camilo e o povo romano, saindo com aquelas para o campo a pretexto de exercício, as conduz todas diante de Camilo e, apresentando-as, disse que, por meio daqueles reféns, aquela cidade se entregaria em suas mãos. Presente o qual não só não foi aceito por Camilo; mas, após despir aquele mestre, amarrando-lhe as mãos para trás e dando a cada uma daquelas crianças uma vara nas mãos, o fez, por aquelas, com muitas varadas, tomar o caminho de volta à cidade. Lição a qual, entendida por aqueles cidadãos, tocando-lhes tanto a humanidade e a integridade de Camilo que, sem querer mais defender-se, deliberaram entregar-lhe a cidade. Assim, é de considerar-se, com esse exemplo verdadeiro, o quanto, às vezes, pode mais nos ânimos dos homens um ato humano e pleno de caridade do que um ato feroz e violento; e que, muitas vezes, aquelas províncias e aquelas cidades que as armas, os instrumentos bélicos e todas as outras forças humanas não puderam abrir, um exemplo de humanidade e de piedade, de castidade ou de liberalidade abriu. Tema sobre o qual existem na história muitos outros exemplos além desse. E vê-se como as armas romanas não puderam caçar Pirro da Itália, mas o caçou a liberalidade de Fabrício, quando lhe contou a proposta de envenená-lo que havia feito aos romanos aquele seu familiar. Vê-se ainda como não deu tanta reputação a Cipião Africano, na Espanha, a conquista de Nova Cartago, quanto lhe deu aquele exemplo de castidade por ter devolvido intacta, ao marido, a mulher jovem e bela, ação da qual a fama lhe fez amiga toda a Espanha. Vê-se ainda o quanto essa parte é desejada pelo povo nos grandes homens, e o quanto é louvada pelos escritores e por aqueles que descrevem a vida dos príncipes e por aqueles que aconselham como eles devem viver. Dentre os quais Xenofonte muito se afadiga em demonstrar quantas honras, quantas vitórias, quanta boa fama trouxe a Ciro o temperamento humano e afável, e não dar de si nenhum exemplo de soberba, nem de crueldade, nem de luxúria, nem de outro *vício* que manche a vida dos homens. Mesmo assim, vendo Aníbal com meios contrários a esses ter conseguido grande fama e grandes vitórias, convém discorrer, no seguinte capítulo, de onde isso nasce.

21

De onde nasce que Aníbal, com modo de proceder diverso de Cipião, obteve os mesmos efeitos na Itália do que aquele na Espanha

Eu considero que alguns se possam surpreender vendo como um capitão, embora tenha tido uma vida contrária, tenha, por sua vez, obtido efeitos similares àqueles que viveram de acordo com o modo anteriormente descrito; de forma que parece que a causa das vitórias não dependa das supraditas causas, antes parece que aqueles meios não te trazem nem mais força nem mais sorte, já que se pode, por meios contrários, conquistar glória e reputação. E para não me afastar dos homens supracitados, e para esclarecer melhor o que eu quis dizer, digo como se viu Cipião entrar na Espanha e com aquela sua humanidade e piedade fazer-se subitamente amigo daquela província, e adorado e admirado pelo povo. Viu-se Aníbal ocupar a Itália e, com meios totalmente contrários, isto é, com crueldade, violência e rapina e todos os tipos de infidelidade, alcançar o mesmo efeito que Cipião havia alcançado na Espanha; porque em favor de Aníbal rebelaram-se todas as cidades da Itália, todos os povos o seguiram.

E pensando de onde isso possa nascer, é possível encontrar muitas razões. A primeira é que os homens são desejosos de coisas novas a ponto de que, na maioria das vezes, desejam a novidade tanto aqueles que estão bem como os que estão mal; porque, como em outra ocasião se disse[60], e é verdade, os homens se aborrecem com o bem, e com o mal se afligem. Esse desejo faz, portanto, abrir as portas a qualquer um que, em uma província, se faz cabeça de uma inovação; e se ele for forasteiro, correm-lhe atrás, e, se ele for provincial, ficam-lhe em volta, aumentam-no e favorecem-no; de forma que, de qualquer modo que ele proceda, alcançará grandes progressos naqueles lugares. Além disso, os homens são movidos por duas coisas principais, ou pelo amor ou pelo temor; de modo que assim os comanda quem se faz amar, como aquele que se faz temer. Aliás, na maioria das vezes, é mais seguido e mais obedecido quem se faz temer do que quem se faz amar.

Importa, portanto, pouco a um capitão por qual desses meios se caminhe, desde que seja homem *virtuoso* e que aquela *virtù* o faça estimado entre os homens. Porque, quando ela é grande, como foi em Aníbal e em Cipião[61], ela cancela todos aqueles erros que são cometidos para fazer-se demasiadamente amado ou demasiadamente temido. Pois tanto de um como de outro desses dois meios podem nascer grandes inconvenientes, capazes de levar um príncipe à ruína: porque aquele que deseja ser demasiadamente amado, por menos que se afaste da verdadeira via, torna-se desprezível; o outro que deseja ser demasiadamente temido, por menos que se exceda, torna-se odioso. E tomar a via intermediária não é possível exatamente porque a nossa natureza não o consente; mas é necessário mitigar essas coisas que excedem com uma excessiva *virtù*, como fizeram Aníbal e Cipião. No entanto, vê-se como um e outro foram criticados por aqueles seus modos de viver, e igualmente foram exaltados.

Da exaltação de ambos se falou. A crítica, quanto a Cipião, foi que os seus soldados na Espanha rebelaram-se, junto com parte de seus amigos, coisa a qual não nasceu senão por não o temerem; porque os homens são tão inquietos que, por menos que se abra a porta à ambição destes, esquecem subitamente qualquer amor que eles haviam dedicado ao príncipe pela sua humanidade, como fizeram os soldados e os amigos supraditos; tanto que Cipião, para remediar esse inconveniente, foi obrigado a usar parte daquela crueldade da qual ele havia se afastado. Quanto a Aníbal, não há nenhum exemplo particular em que aquela sua crueldade e pouca fé o prejudicassem; mas se pode muito bem pressupor que Nápoles e muitas outras terras, que se mantiveram fiéis ao povo romano, o fizeram por medo daquela crueldade. Viu-se muito bem isso, pois aquele seu modo de viver ímpio o fez mais odioso ao povo romano do que qualquer inimigo que alguma vez aquela república tenha tido. De modo que, enquanto Pirro estava com seu exército na Itália, denunciou-se aquele que o queria envenenar, jamais perdoaram a Aníbal, ainda que desarmado e disperso, tanto que o mataram. Nasceu então a Aníbal, por ser considerado ímpio, cruel e rompedor da palavra, essa incomodidade; todavia, resultou também no encontro de uma grandíssima comodidade, a qual é admirada por todos os escritores: que, no seu exército, ainda que composto por homens de diferentes gerações, não nasceu jamais nenhuma dissensão nem entre eles mesmos nem contra ele. O que certamente derivava do terror que nascia da sua pessoa: o qual era tão grande, mesclada com a reputação que lhe dava a sua *virtù*, que mantinha seus soldados serenos e unidos. Concluo, portanto, que não importa muito o modo de um capitão proceder, desde que nisso esteja uma grande *virtù* que bem permita um ou outro modo de viver. Porque, como foi dito, tanto em um como em outro há imperfeição e perigo, caso não seja corrigido por uma *virtù* extraordinária. E se Aníbal e Cipião, um com coisas louváveis, o outro com detestáveis, alcançaram o mesmo efeito, não me parece certo deixar para trás o discorrer ainda sobre dois cidadãos romanos que conseguiram, com diversos modos, mas ambos louváveis, a mesma glória.

22

Como a severidade de Mânlio Torquato e a humanidade de Valério Corvino propiciaram a cada um a mesma glória

Havia em Roma, em uma mesma época, dois excelentes capitães, Mânlio Torquato e Valério Corvino; os quais viveram em Roma com a mesma *virtù*, com os mesmos triunfos e glória; e cada um deles, no que concernia ao inimigo, com igual *virtù* o conquistaram; mas, no que concernia aos exércitos e o modo de tratar os soldados, diversamente procediam. Porque Mânlio, com todo tipo de severidade, sem poupar os seus soldados da fadiga e da punição, os comandava; Valério, por outro lado, com todo tipo de humanidade, e pleno de uma intimidade familiar, os tratava. Pelo que se viu que, para ter a obediência dos soldados, um amassou o filho, já o outro jamais ofendeu alguém. Todavia, em tanta diversidade de proceder, cada um obteve o mesmo fruto contra os inimigos e em favor de república e em seu próprio favor. Porque nenhum soldado jamais ou abandonou a batalha ou se rebelou contra eles, ou mostrou-se, de alguma forma, discrepante à vontade daqueles, embora os comandos de Mânlio fossem tão duros que todos os outros comandos que excediam o modo habitual eram chamados de "comandos manlianos". Nesse sentido, é de se considerar, primeiramente, de onde nasce que Mânlio tenha sido obrigado a proceder tão rigidamente; por outro lado, de onde veio que Valério pudesse proceder tão humanamente; além disso, o que fez com que esses modos tão diversos produzissem o mesmo efeito; e, por último, qual, dentre eles, seria o melhor a ser imitado e o mais útil. Se alguém considerar bem a natureza de Mânlio, do momento em que Tito Lívio começa a fazer menção a ele, verá um homem fortíssimo, piedoso em relação ao pai e à pátria, e reverentíssimo aos seus superiores. Essas coisas se conhecem da morte, em duelo, daquele gaulês; sobre a defesa do pai contra o tribuno; e como, antes que fosse à luta contra o gaulês, dirigiu-se ao cônsul com estas palavras: "Contra a tua ordem não enfrentarei jamais o inimigo, nem mesmo com a certeza da vitória"[62]. Vindo, portanto, um homem assim feito a um posto de comando, deseja encontrar todos os homens similares a si mesmo, e seu ânimo forte o faz comandar coisas duras, e, em relação àqueles similares, comandados que são, quer que os comandos sejam observados. E é uma regra verdadeiríssima, que quando se comanda coisas ásperas, convém, com aspereza, fazê-las respeitar; de outro modo, serás enganado. Aqui é de se notar que, querendo ser obedecido, é necessário saber comandar, e sabem comandar aqueles em que há similitude entre as suas qualidades e aquelas de quem as têm que cumprir, e, quando se vê que existe proporção, então comandem e, quando há desproporção, que se abstenham.

E, nesse sentido, dizia um homem prudente que, para manter uma república com violência, conviria que houvesse proporção entre quem forçava e quem era forçado. E sempre que houvesse essa proporção, podia-se acreditar que aquela violência seria duradoura; mas quando o violentado fosse mais forte que o violador, podia-se pensar que a qualquer hora aquela violência cessaria.

Mas, voltando ao nosso discurso, digo que, para comandar as coisas duras, convém ser duro; e aquele que tem essa dureza, e que a comanda, não pode, depois, com a doçura fazer-se respeitar. Mas quem não tem essa fortaleza de ânimo deve resguardar-se dos comandos extraordinários, e nas ordens pode usar a sua humanidade; porque as punições ordinárias não são imputadas ao príncipe, mas às leis e àqueles regramentos. Deve-se, portanto, acreditar que Mânlio fosse obrigado a proceder tão rigidamente, por meio dos seus comandos extraordinários, aos quais o inclinava a sua natureza; comandos que são úteis em uma república, porque reduzem os seus regramentos aos seus princípios e à sua antiga *virtù*. E se uma república fosse tão feliz que tivesse frequentemente, como acima dissemos[63], quem, com o seu exemplo, renovasse as leis, e não somente a estimasse como não a levasse à ruína, mas a movesse para trás, seria perpétua. De modo que Mânlio foi um daqueles que, com a dureza de seus comandos, resgatou a disciplina militar em Roma, obrigado primeiramente pela sua própria natureza, e, depois, pelo desejo que tinha em observar aquilo que o seu apetite natural lhe havia feito ordenar. De outro lado, Valério pôde proceder humanamente, como aquele a quem bastava que se observassem as coisas habituais observadas nos exércitos romanos. Hábito o qual, porque era bom, bastava para honrá-lo, e não era cansativo observá-lo, e Valério não precisava punir os transgressores; ou porque não era necessário ou porque, se fosse, imputavam a punição, como foi dito, às leis e não à crueldade do príncipe[64]. De modo que Valério poderia fazer nascer dele toda a humanidade que fosse necessária para que conquistasse prestígio com os soldados e o contentamento deles. Donde nasce que, tendo um e outro a mesma obediência, puderam, operando diversamente, fazer o mesmo efeito. Aqueles que quisessem imitá-los, poderiam, todavia, cair naqueles vícios de desprestígio e de ódio sobre os quais eu falei ao tratar de Aníbal e Cipião; do que se foge com uma excessiva *virtù* que haja em ti, e não de outro modo.

Resta agora considerar qual desses dois modos de proceder seja mais louvável. Eu creio que o tema seja disputável, porque os escritores louvam a um e outro modo. No entanto, aqueles que escrevem como um príncipe deva se governar aproximam-se mais de Valério do que de Mânlio; e Xenofonte, anteriormente citado por mim, dando muitos exemplos da humanidade de Ciro, concorda muito com aquilo que diz Tito Lívio sobre Valério. Porque, sendo feito cônsul contra os samnitas, e chegando o dia em que devia combater, falou a seus soldados com aquela humanidade com a qual ele se governava, e, após mencionar tais palavras, Tito Lívio disse as seguintes: "Jamais algum outro comandante tratou mais familiarmente os soldados, suportando as fadigas junto aos subalternos; era solidário nos exercícios militares, quando competia em igualdade na corrida ou na luta; vencedor ou vencido, sempre com o mesmo semblante, sem desprezar jamais quem quisesse confrontar-se com ele; bom nas ações da vida, se as circunstâncias o permitissem; nas palavras, preocupado com a liberdade alheia tanto quanto com a própria dignidade. E, coisa que mais agrada o povo, tinha no exercício da função a mesma conduta do que ao reclamá-la"[65]. Tito Lívio fala honrosamente igualmente de Mânlio, mostrando que a sua severidade na morte do filho tornou o exército tão obediente ao cônsul, que foi a causa da vitória que o povo romano teve contra os latinos; e vai a tal ponto para louvá-lo que, depois daquela vitória, tendo descrito todos os ordenamentos daquela batalha e mostrado todos os perigos que o povo romano correu, e as dificuldades que tiveram para vencer, faz essa conclusão: que somente a *virtù* de Mânlio deu aquela vitória aos romanos. E fazendo comparações entre as forças de um e de outro exército, afirma que teria vencido aquela parte que tivesse Mânlio como cônsul. De modo que, considerando tudo aquilo que os escritores falam sobre isso, seria difícil julgar. No entanto, para não deixar essa parte indecisa, digo que, no caso de um cidadão que viva sob as leis de uma república, creio que seja mais louvável e menos perigoso o proceder de Mânlio: porque, nesse modo de proceder, tudo é em favor do bem público, e não resguarda, em nenhuma parte, a ambição privada; porque, dessa forma, não se pode conquistar partidá- rios, mostrando-se sempre áspero a todos e amando somente o bem comum; porque quem faz isso não conquista amigos particulares, aos quais nós chama- mos, anteriormente, de "partidários". De forma que semelhante modo de proceder não pode ser mais útil nem mais desejável em uma república, não faltando naquele a utilidade pública e não se podendo ser a causa de alguma suspeita do poder privado. Mas, no modo de proceder de Valério, constata-se o contrá- rio: ainda que quanto ao bem público se produzam os mesmos efeitos, no entanto, surgem muitas con- testações, pela particular benevolência que aquele adquire junto aos soldados, a ponto de produzir, em um longo império, maus efeitos contra a liberdade. E se, em Valério, esses maus efeitos não nasceram, a causa foi que os ânimos dos romanos não estavam ainda corrompidos, e aquele não ter permanecido longamente e continuadamente no governo.

Mas se nós tivermos que considerar um prínci- pe, como considera Xenofonte, nós nos aproxima- remos totalmente de Valério, e deixaremos Mânlio; porque um príncipe deve buscar a obediência e o amor nos soldados e nos súditos. A obediência lhe dá o ser observador das leis e o ser tido como *virtuoso*; o amor lhe dá a afabilidade, a humanidade, a piedade e as outras qualidades que se encontravam em Valério e que Xenofonte escreve encontrarem--se em Ciro. Porque, ser um príncipe particularmente benquisto, e ter o exército como seu partidário, conforma-se a todas as outras partes do seu Estado; mas em um cidadão que tenha o exército como seu partidário, essa parte já não se conforma com as suas outras partes que o fazem viver sob as leis e obedecer aos magistrados.

Lê-se como, dentre as coisas antigas da República Veneziana, tendo as galeras venezianas retornado a Veneza e advindo certa diferença entre aqueles das galeras e o povo, o que conduziu ao tumulto e às armas, não se podendo acalmar a coisa nem por força dos ministros, nem por reverência dos cidadãos ilustres, nem pelo temor dos magistrados, súbito, diante daqueles marinheiros, aparece um cavalheiro, que havia sido, um ano antes, capitão deles, e, por amor àquele, partiram e deixaram a batalha. Obediência a qual gerou tanta suspeita ao Senado que, pouco tempo depois, os venezianos, ou por prisão ou por morte, asseguraram-se contra ele. Concluo, portanto, ser o proceder de Valério útil em um príncipe e pernicioso em um cidadão, não somente à pátria, mas a si: a ela, porque aqueles modos de proceder preparam o caminho para a tirania; a si, porque a sua cidade, suspeitando do seu modo de proceder, é obrigada a assegurar-se com o seu dano. E assim, pelo contrário, afirmo ser danoso, em um príncipe, o proceder de Mânlio, e útil em um cidadão e, sobretudo, à pátria; e ainda raras vezes ofende, a menos que esse ódio que te dá a tua severidade seja acrescido da suspeita que as tuas outras virtudes tenham trazido a ti, devido à grande reputação adquirida; como mais adiante acerca de Camilo se discorrerá.

23
Por qual motivo Camilo foi banido de Roma

Nós concluímos anteriormente que, procedendo como Valério, prejudica-se a pátria e a si, procedendo como Mânlio, favorece-se à pátria e, às vezes, prejudica-se a si mesmo. O que se comprova muito bem pelo exemplo de Camilo, o qual, no seu proceder, assemelhava-se mais a Mânlio do que a Valério. Donde Tito Lívio, falando sobre ele, diz que "os soldados odiavam e admiravam a sua *virtù*"[66].

Aquilo que o fazia ser tido como maravilhoso era a solicitude, a prudência, a grandeza de ânimo, o bom regramento de que ele se valia no planejar e no comandar os exércitos; aquilo que o fazia ser odiado era ser mais severo ao castigá-los do que liberal ao premiá-los. E Tito Lívio apresenta desse ódio estas causas: a primeira, que ele aplicou no bem público e não dividiu como espólio de guerra o dinheiro que se obteve da venda dos bens dos veios; a outra, que no triunfo ele fez puxar o seu carro por quatro cavalos brancos, motivo pelo qual disseram que, por soberba, quisera igualar-se ao Sol; a terceira, que ele prometeu dar a Apolo a décima parte do espólio dos veios, o qual, querendo cumprir a promessa, teria tirado das mãos dos soldados o que já havia sido distribuído entre eles. De onde se nota bem e facilmente as coisas que fazem um príncipe odioso junto ao povo; das quais a principal é privá-lo de algo útil, o que é coisa de muita importância, porque as coisas que têm utilidade em si, quando um homem delas é privado, não as esquece jamais, e cada mínima necessidade te faz recordar delas; e como a necessidade vem todos os dias, tu delas te recordas todos os dias. A outra coisa é o aparecer soberbo e inchado, o que não pode ser mais odioso ao povo e, sobretudo, aos povos livres. E ainda que daquela soberba e daquele fausto não lhe nascesse alguma incomodidade, no entanto, o povo tem em ódio quem o usa; do que um príncipe deve cuidar-se como de um rochedo, porque despertar o ódio sobre si mesmo sem proveito seu é resolução totalmente temerária e pouco prudente.

24
A prolongação da autoridade dos cônsules fez Roma serva

Se se considera bem o proceder da República Romana, ver-se-á duas coisas serem a causa da dissolução daquela república; uma delas, foram os litígios que nasceram da Lei Agrária; a outra, o prolongamento da autoridade dos cônsules; coisas as quais, se tivessem sido bem conhecidas desde o princípio, e recebido os devidos remédios, teria sido o viver livre mais longo e possivelmente mais tranquilo. E ainda que, quanto ao prolongamento da autoridade dos cônsules, nunca tivesse nascido algum tumulto em Roma, no entanto, viu-se de fato o quanto prejudicou à cidade aquela autoridade que alguns cidadãos ganharam por tais deliberações. E se os outros cidadãos, a quem era prorrogada a magistratura, tivessem sido sábios e bons como foi Lúcio Quíncio, não se teria incorrido nesse inconveniente. A bondade de Lúcio Quíncio é um exemplo notável, porque, tendo-se feito convenções de acordo entre a plebe e o Senado, e tendo a plebe prolongado em um ano o império dos tribunos, julgando-os capazes de resistir à ambição dos nobres, quis o Senado, pela disputa com a plebe, e para não parecer menos poderoso do que ela, prolongar o consulado de Lúcio Quíncio, o qual negou prontamente essa deliberação, dizendo que queria apagar os maus exemplos e não acrescê-los com um pior ainda, e quis que se fizessem novos cônsules. Bondade e prudência as quais, se estivessem presentes em todos os cidadãos romanos, não teriam permitido que se introduzisse aquele costume de prolongar as magistraturas, e aquelas não teriam levado ao prolongamento da autoridade dos cônsules: coisa a qual, com o tempo, arruinou aquela república. O primeiro a quem foi prolongado o império foi Públio Filão, o qual, estando em batalha contra a cidade de Palépolis e chegando ao fim do seu consulado e parecendo ao Senado que ele tinha em mãos aquela vitória, não lhe mandaram um sucessor, mas fizeram dele procônsul; de modo que foi o primeiro procônsul. Isso, ainda que tenha sido feito pelo Senado tendo em vista o bem público, foi o que, com o tempo, fez Roma serva. Porque quanto mais os romanos se aproximavam às armas, tanto mais parecia a eles essa prorrogação necessária, e mais a usaram. Coisa a qual produziu dois inconvenientes: um, que um número menor de homens exercia as funções de comando, vindo-se, por isso, a restringir a reputação a poucos; outro, que estando um cidadão muito tempo no comando de um exército, conquistava-o e fazia-o seu partidário. Porque aquele exército, com o tempo, esquecia do Senado e reconhecia apenas aquele cabeça. Por isso Silla e Mário puderam encontrar soldados que, contra o bem público, os seguissem; por isso César pôde ocupar a pátria. Porque se os romanos não tivessem jamais prolongado a autoridade dos magistrados e dos cônsules, se não tivessem chegado assim rapidamente a tanto poder, e se fossem retardadas as suas conquistas, teriam caído bem mais tarde na servidão.

25
Da pobreza de Cincinato e de muitos cidadãos romanos

Nós raciocinamos, em outro lugar[67], que o mais útil regramento em um viver livre é que os cidadãos sejam mantidos pobres. E ainda que em Roma não fosse claro qual regramento produzia esse efeito, tendo, sobretudo, a lei agrária tido tanta oposição, todavia, por experiência, vê-se que, após quatrocentos anos da edificação de Roma, havia uma grandíssima pobreza; nem se pode crer que outro regramento maior fizesse esse efeito, do que ver que a pobreza não era impedimento para ascensão a qualquer posto ou honra, e que se podia encontrar a *virtù* em qualquer casa em que se morasse. Tal modo de viver fez as riquezas pouco desejáveis. Isso se vê de forma manifesta porque o Cônsul Minúcio, tendo sido assediado com o seu exército pelos équos, encheu Roma do medo de que aquele exército não se perdesse; tanto que recorreram à criação do ditador, último remédio para as suas aflições. E criaram Lúcio Quíncio Cincinato, o qual então se encontrava na sua pequena propriedade, a qual cultivava à mão. Coisa a qual é celebrada por Tito Lívio com palavras áureas, dizendo: "Precisava que escutassem, agora, aqueles que honram a riqueza sobre qualquer outra coisa humana, e creem que não possam existir honra nem *virtù*, se não abunda o patrimônio"[68]. Cincinato arava a sua pequena propriedade, a qual não ultrapassava os limites de quatro *iugeri*[69], quando vieram de Roma os embaixadores do Senado a comunicar-lhe a eleição de sua ditadura, mostrando-lhe em que perigo se encontrava a República Romana. Ele, tomando a sua toga, veio a Roma e reuniu um exército, e foi libertar Minúcio; e tendo vencido e espoliado os inimigos, e libertado aquele, não quis que o exército assediado fosse partícipe da predação, dizendo-lhes essas palavras: "Eu não quero que tu participes da predação daqueles dos quais tu estavas para ser predado"; e privou Minúcio do consulado e o fez embaixador dizendo: "Permanecerás nesse posto até que aprendas a ser cônsul". Cincinato havia feito Lúcio Tarquínio seu mestre de cavalaria, o qual, pela sua pobreza, militava a pé. Nota-se, como foi dito, a honra que se atribuía à pobreza em Roma, e como, a um homem bom e valente como era Cincinato, quatro *iugeri* de terra bastavam para nutri-lo; pobreza a qual se vê que existia ainda nos tempos de Marco Régulo: porque, estando na África com os exércitos, pediu licença ao Senado para poder voltar a cuidar da sua propriedade, a qual lhe havia sido danificada por seus trabalhadores. Donde se vê duas coisas notabilíssimas: uma, a pobreza, e como eles estavam dentro dela contentes; e como bastava àqueles cidadãos trazer da guerra a honra, e todo o útil deixavam para o bem público. Porque se eles tivessem pensado em enriquecer da guerra, pouco se incomodariam se os seus campos tivessem sido danificados. A outra é considerar a generosidade de espírito daqueles cidadãos, os quais, se prepostos a um exército, superavam, com a sua grandeza de ânimo, qualquer príncipe, não estimavam os reis, nem as repúblicas, não os atemorizava nem os afugentava coisa alguma; e, de volta, depois, à vida privada, tornavam-se moderados, humildes, zelosos das suas pequenas coisas, obedientes aos magistrados, reverentes aos seus superiores: de modo que parece impossível que um mesmo espírito sofra tal mutação.

Essa pobreza durou ainda até os tempos de Paulo Emílio, que foram, praticamente, os últimos tempos felizes daquela república, onde um cidadão, com o seu triunfo, enriquecia Roma, embora mantendo a si pobre. A tal ponto se estimava ainda a pobreza de Paulo que, em honra de quem se havia portado bem na guerra, doou a um genro seu uma taça de prata, a qual foi a primeira peça de prata que entrou em sua casa. Seria possível, com uma longa conversação, mostrar os quão melhores frutos produz a pobreza do que a riqueza, e como uma tem honrado as cidades, as províncias, as religiões, e a outra as tem arruinado, se essa matéria não tivesse sido muitas vezes celebrada por outros homens.

26
Como um Estado se arruína por causa de mulheres

Começou, na cidade de Ardea, uma disputa entre os patrícios e os plebeus por causa de um casamento; onde, havendo para casar uma mulher rica, pediram-na simultaneamente um plebeu e um nobre; e não tendo aquela um pai, os tutores queriam casá-la com o plebeu, e a mãe com o nobre. Daí nasceu tanto tumulto que se puseram em armas, sendo que toda a nobreza se armou em favor do nobre, e toda a plebe em favor do plebeu. De modo que sendo derrotada, a plebe evadiu-se de Ardea e pediu ajuda aos volscos; os nobres pediram ajuda a Roma. Vieram primeiro os volscos e, chegando no entorno de Ardea, acamparam. Sobrevieram os romanos e cercaram os volscos entre as fortificações de Ardea e eles, de modo que os obrigaram, constrangidos pela fome, a darem-se por vencidos. E os romanos entraram em Ardea, e mortos todos os cabeças da rebelião, recompuseram aquela cidade.

Há, neste discurso, mais a destacar. Primeiro, vê-se como as mulheres têm sido causa de muita ruína e têm feito grande dano àqueles que governam uma cidade, e têm causado muitas divisões entre aqueles; e, como se viu nesta nossa história, o excesso praticado contra Lucrécia tomou o Estado dos tarquínios, aquele outro feito contra Virgínia[70] privou os decênviros de sua autoridade. E Aristóteles diz que, dentre as primeiras causas que levam à ruína dos tiranos, está a de ter injuriado outros por conta de mulheres, ao estuprá-las, violá-las ou romper os matrimônios, como, sobre isso, falou-se largamente no capítulo em que nós tratamos das conspirações. Digo, portanto, que os príncipes absolutos e os governantes das repúblicas não devem fazer pouco caso dessa parte, mas devem considerar seriamente as desordens que devido a tal incidente possam nascer e remediá-las a tempo de modo que o remédio não seja com dano e vitupério ao seu Estado ou à sua república; como aconteceu aos cidadãos de Ardea, os quais, por terem deixado crescer aquela disputa entre os seus cidadãos, permitiram a divisão interna, e querendo reunificar-se, tiveram que pedir por socorro externo, o que é uma grande causa de uma escravidão que se avizinha. Mas vamos a um outro assunto digno de discurso, que é o modo de se reunificar o Estado, do qual falaremos no próximo capítulo.

27

Como se há de unir uma cidade dividida, e como não é verdadeira aquela opinião de que, para manter uma cidade, precisaria mantê-la dividida

Pelo exemplo dos cônsules romanos que reconciliaram os cidadãos de Ardea, nota-se o meio pelo qual se deve reunificar uma cidade dividida: o qual não é outro, nem de outro modo se deve medicar, senão amassar os cabeças dos tumultos. Porque lhe é necessário tomar um entre três meios: ou amassá-los, como fizeram aqueles, ou removê-los da cidade ou forçá-los à paz entre si sob o compromisso de não mais se atacarem. Desses três meios, o último é o mais danoso, o menos certo e o mais inútil. Porque é impossível, onde tenha corrido tanto sangue ou outras injúrias similares, que uma paz feita pela força dure, renascendo os conflitos ao reverem-se face a face todo dia; e é difícil que se abstenham de injuriarem um ao outro, podendo nascer entre eles, a cada dia que passa e devido à discussão, novas causas de querela.

Sobre isso não se pode dar melhor exemplo do que o da cidade de Pistoia. Aquela estava dividida, como ainda está, já por quinze anos, em Panciatichi e Cancellieri. Mas naquele tempo levantaram as armas e hoje as têm baixadas. E, depois de muita disputa entre eles, chegaram ao sangue, à destruição das casas, à pilhagem e muitas outras práticas próprias de um inimigo. E os florentinos, que os queriam apaziguar, sempre se valeram daquele terceiro meio e sempre surgiram maiores tumultos e maiores escândalos; a ponto de, cansados, valerem-se do segundo meio, de remover os cabeças daqueles partidos, dos quais alguns meteram na prisão, outros foram confinados em diferentes lugares, de modo que o acordo feito se manteve e ainda se mantém até hoje. Todavia, mais seguro, sem dúvida, teria sido o primeiro meio. Mas porque execuções similares têm algo de grande e generoso, uma república débil não as sabe fazer e está tão afastado delas que a muito custo chega ao segundo remédio. E estes são daqueles erros, segundo eu disse no início, que fazem os príncipes de nossos tempos, quando têm que decidir sobre as coisas grandes; porque deveriam querer ouvir como se governaram aqueles outros, no passado, em circunstâncias similares. Mas a fraqueza dos homens de hoje, causada pela sua débil educação e pela sua pouca informação sobre as coisas, faz com que se julgue as ações dos antigos governantes parte inumanas, parte impossíveis de praticar. E têm como certo para si as opiniões modernas totalmente distantes da verdade, como aquilo que diziam os sábios de nossa cidade há algum tempo atrás: que era preciso manter Pistoia com as partes e Pisa com as fortalezas; e não se davam conta do quanto uma e outra dessas duas coisas são inúteis.

Eu quero deixar as fortalezas, porque anteriormente[71] já falamos longamente sobre isso; e quero discorrer sobre a inutilidade de manter-se as terras, que tu tens sob governo, divididas. Primeiramente, é impossível que tu mantenhas as duas partes amigas, seja príncipe ou república que as governe. Pois é da natureza dos homens tomarem parte em qualquer coisa dividida e satisfazerem-se mais com esta do que aquela. De modo que, estando uma parte daquele território descontente, assim que a primeira guerra vier, tu o perdes. Porque é impossível manter uma cidade que tenha inimigos fora e dentro. Se é uma república que a governe, não é o mais honroso meio fazer escravos os teus cidadãos e incitar a divisão, tanto quanto não é desejável ter sob governo uma cidade dividida. Porque cada parte tenta obter favores e a querer se fazer amiga com várias formas de corrupção, de modo que daí nascem dois grandes inconvenientes: um, que tu não fazes jamais amigos, por não os poder governar bem, variando o governo frequentemente, ora com uma, ora com outra disposição; outro, que tal preocupação com as partes divide necessariamente a tua república. E Biondo, falando sobre os cidadãos de Florença e os de Pistoia, atesta dizendo: "Ao desejarem reunificar Pistoia, os florentinos dividiram a si mesmos". Portanto, pode-se facilmente avaliar o mal nascido dessa divisão.

No ano de 1502, quando se perdeu Arezzo e todo o Vale do Rio Tibre e o Vale de Chiana, ocupados pelos Vitelli e pelo duque Valentino, um nobre de Lant, enviado pelo rei da França para restituir aos florentinos todas aquelas terras perdidas, encontrou em cada castelo homens que lhe disseram que eram partidários de Marzocco, condenando essa divisão, dizendo que, se na França um dos súditos do rei dissesse que era partidário do rei, seria castigado, porque tal declaração não significaria senão que naquele reino haveria gente inimiga do rei; e aquele rei queria que todos os habitantes do território fossem seus amigos, unidos e sem divisão. Mas todos esses meios e opiniões diversas da verdade nascem da fraqueza daqueles que governam, os quais, vendo que não têm como manter o Estado com a força e a *virtù*, voltam-se para meios semelhantes aos acima descritos, que, às vezes, até renovam alguma coisa em tempos de paz; mas, com a chegada da adversidade e dos tempos difíceis, mostram a sua falácia.

28
Que se deve atentar para as obras dos cidadãos, porque muitas vezes sob uma ação piedosa nasce um princípio de tirania

Estando a cidade de Roma oprimida pela fome e não bastando as provisões públicas para cessá-la, tomou iniciativa um tal de Espúrio Mélio, sendo bastante rico segundo aqueles tempos, em fornecer privadamente provisões de trigo e alimentar a plebe conforme o seu interesse. Coisa pela qual ele teve tanta estima do povo que o Senado, pensando sobre o inconveniente que daquela sua liberalidade poderia nascer, para reprimi-la antes que ganhasse mais força, tomou-o como um futuro ditador e o fez morrer.

Aqui há de se notar como muitas vezes as obras que parecem piedosas e por não se poder razoavelmente condená-las, tornam-se cruéis, e para uma república são perigosíssimas, se não forem em boa hora corrigidas. E para discorrer sobre esse assunto mais detalhadamente, digo eu que uma república sem cidadãos renomados não pode se manter, nem pode ser bem governada. Por outro lado, a reputação dos cidadãos é a causa da tirania das repúblicas. E querendo regrar isso, é preciso organizar-se de modo que os cidadãos gozem de uma reputação que favoreça e não que prejudique a cidade e a liberdade desta. E, contudo, deve-se examinar os meios pelos quais se ganha reputação, que são, de fato, dois: ou públicos ou privados. Os meios públicos são aqueles em que alguém, aconselhando-se bem e trabalhando melhor, se em benefício comum, adquire reputação. O caminho para essa reputação deve estar aberto aos cidadãos, e conceder prêmios tanto aos conselhos como às obras, de tal modo que se sintam honrados e satisfeitos. E quando essas reputações adquiridas por esse caminho são puras e simples, não serão jamais perigosas; mas quando são alcançadas pelas vias privadas, que é o outro meio acima mencionado, são perigosíssimas e em tudo nocivas. As vias privadas consistem em beneficiar a este e aquele cidadão privado, emprestando-lhes dinheiro, casando-lhes os filhos, defendendo-os dos magistrados e fazendo-lhes semelhantes favores pessoais, os quais tornam os homens partidários e dão ânimo, a quem é assim favorecido, para poder corromper o bem público e enfraquecer as leis. Portanto, uma república bem organizada deve abrir os caminhos, como foi dito, a quem busca favores pelas vias públicas, e fechá-los a quem os busca pelas vias privadas. Como se vê que fez Roma, porque, como prêmio a quem trabalhava para o bem público, ordenou os triunfos e todas as outras honras que propiciava aos seus cidadãos; e como dano de quem, sob várias cores, pelas vias privadas tratava de tornar-se grande, criou as acusações; e quando estas não bastassem, por estar o povo cegado por uma espécie de falso bem, instituiu o ditador, para que, com seu braço régio, fizesse retornar quem houvesse passado o sinal, como o fez para punir Espúrio Mélio. E uma dessas coisas que se deixa impune é suficiente para arruinar uma república; porque depois dificilmente com aquele exemplo se retorna as coisas à verdadeira via.

29
Que os pecados do povo nascem dos príncipes

Os príncipes não devem se afligir por algum pecado que cometam os povos que eles tenham sob seu governo, porque convém que tais pecados nasçam ou por sua negligência ou por ser ele manchado por erros semelhantes. E quem discorrer sobre os povos que, em nossos tempos, estiveram cheios de roubalheiras e de pecados semelhantes, verá que são inteiramente nascidos daqueles que os governavam, que eram de natureza similar. A Romanha, antes que nela fossem apagados, pelo Papa Alexandre VI, aqueles senhores que a comandavam, era um exemplo em tudo de vida celeradíssima, porque naquele lugar via-se que os menores motivos levavam a assassinatos e rapinagens grandíssimas. O que nascia da malvadez daqueles príncipes, não da natureza má dos homens, como eles diziam. Porque, sendo aqueles príncipes pobres e querendo viver como ricos, era-lhes necessário voltar-se a muita rapinagem, e usá-la de várias formas. E, dentre outras vias desonestas que tomavam, faziam leis e propunham alguma proibição; depois, eram os primeiros que davam motivo para a inobservância destas, e jamais puniam os inobservantes, senão após virem muitos incorrerem em erros semelhantes, e então se voltavam à punição, não por zelo da lei feita, mas pela ambição de aplicar a pena. Donde nasciam muitos inconvenientes, e sobretudo este, que os cidadãos empobreciam e não se corrigiam. E aqueles que eram empobrecidos engenhavam-se contra os menos poderosos do que eles, aproveitando-se deles. Donde surgiam todos aqueles males dos quais acima se falou, dos quais o príncipe era a causa. E que isso seja verdadeiro, mostra-o Tito Lívio quando narra que, levando os embaixadores romanos os despojos dos veios ao templo de Apolo, foram capturados por corsários de Lípara, na Sicília, e conduzidos àquela terra; e Timasiteo, príncipe deles, tendo entendido que despojos eram estes, para onde eram enviados e quem os enviava, comportou-se, embora nascido em Lípara, como homem romano, e mostrou ao povo o quanto era ímpio apropriar-se de semelhante despojo; tanto que, com o consenso geral, deixaram os embaixadores seguirem caminho com todas as suas coisas. E as palavras do historiador são estas: "Timasiteo culminou de reverência o seu povo, o qual sempre imita o seu soberano"[72]. E Lorenzo de Médici, como confirmação dessa sentença, disse:

> E aquilo que faz o senhor fazem depois vários,
> Pois que ao senhor estão todos os olhos voltados[73].

30

A um cidadão que queira em sua república fazer de sua autoridade alguma obra boa é necessário primeiramente apagar a inveja; e como, chegando o inimigo, há de se organizar a defesa de uma cidade

Entendendo o Senado romano que toda a Toscana havia se arregimentado para causar danos a Roma, e como os latinos e os etruscos, tidos, anteriormente, como amigos do povo romano, aproximaram-se dos volscos, perpétuos inimigos de Roma, julgou que essa guerra deveria ser perigosa. E sendo Camilo, na ocasião, tribuno com poder consular, este pensou que se poderia fazer a guerra sem criar o ditador, se os outros tribunos, seus colegas, estivessem dispostos a conceder-lhe a totalidade do império. O que os demais tribunos fizeram voluntariamente, segundo Tito Lívio: "Estavam certos de que não se tolhia à sua dignidade aquilo que vinha concedido à sua dignidade"[74]. Onde Camilo, uma vez recebida essa declaração de obediência, ordenou que se formassem três exércitos. Do primeiro, quis ser ele o cabeça, para ir contra os toscanos. Do segundo, fez cabeça Quinto Servílio, o qual quis que se mantivesse próximo a Roma para impedir que os latinos e os etruscos se movessem. Ao terceiro exército prepôs Lúcio Quíncio, para manter protegida a cidade e defendidas as portas e a cúria em qualquer situação que nascesse. Além disso, ordenou que Horácio, um de seus colegas, providenciasse armas e trigo e outras coisas que requeriam os tempos de guerra. Prepôs Cornélio, também seu colega, ao Senado e ao Conselho Público, a fim de que pudesse aconselhar as ações que diariamente se têm que fazer e executar; de modo que foram aqueles tribunos naqueles tempos, pela saúde da pátria, dispostos a comandar e a obedecer. Nota-se, por essa descrição, aquilo que faz um homem bom e sábio, e de quanto bem seja causa, e quanta utilidade possa propiciar à sua pátria, quando, mediante a sua bondade e *virtù*, ele apaga a inveja, a qual é, muitas vezes, a causa que impede que os homens possam operar bem, não permitindo tal inveja que eles tenham aquela autoridade a qual é necessária ter nas coisas de importância. Apaga-se essa inveja de dois modos: ou por algum acidente forte e difícil, onde cada um, vendo-se perecer, adia qualquer ambição, corre voluntariamente a obedecer àquele que crê que, com a sua *virtù*, possa libertá-lo; como aconteceu a Camilo, o qual, tendo dado de si tantas provas de homem excelentíssimo, e tendo sido três vezes ditador, e tendo administrado sempre aquele posto para a utilidade pública e não a sua própria utilidade, havia feito com que os homens não temessem a sua grandeza; e por ser tão grande e tão respeitado, não julgavam como vergonhoso ser inferior a ele e, por isso, Tito Lívio disse sabiamente aquelas palavras: "Estavam certos etc." De um outro modo se apaga a inveja, quando, ou por violência ou por causa natural, morrem aqueles que têm sido os teus concorrentes na busca de qualquer reputação ou grandeza; aos quais, vendo-te mais respeitado do que eles, é impossível que aquiesçam e mantenham-se pacientes. E quando são homens que estejam acostumados a viver em uma cidade corrupta, em que a educação não tenha produzido neles nenhuma bondade, é impossível que por algum acidente se modifiquem, e, para realizar a sua vontade e satisfazer a perversidade da alma deles, ficariam contentes em ver a ruína da própria pátria.

Para vencer essa inveja não há outro remédio senão a morte daqueles que a têm; e quando a sorte é tão propícia àquele homem *virtuoso* que eles morram ordinariamente, torna-se glorioso sem escândalo, quando, sem obstáculo e sem ofensa, pode mostrar a sua *virtù*. Mas quando não tem essa ventura, convém pensar de toda maneira em tirá-los da frente; e antes que eles façam alguma coisa, ele precisa ter meios que vençam essa dificuldade. E quem lê a Bíblia sensatamente verá Moisés ser forçado, ao querer que as suas leis e os seus regramentos fossem adiante, a amassar infinitos homens, os quais, movidos senão por outra causa do que a inveja, opunham-se aos seus projetos. Essa necessidade conhecia muito bem Frei Girolamo Savonarola; conhecia-a ainda Piero Soderini, gonfaloneiro de Florença. Um, que foi o frade, não pôde vencê-la por não ter autoridade para poder fazê-lo e por não ter sido bem entendido por aqueles que o seguiam, que teriam tido essa autoridade. Não é, portanto, por ele, que não a vence, e suas prédicas são plenas de acusações aos sábios do mundo e de invectivas contra eles: porque chamava assim aqueles invejosos e aqueles que se opunham aos seus regramentos. Soderini acreditava que, com o tempo, com a bondade, com a sua sorte, com o benefício a alguém, apagaria essa inveja; vendo-se ainda muito jovem, e com tantos novos favores que lhe traziam o seu modo de proceder, acreditava poder superar, sem nenhum escândalo, violência ou tumulto, aqueles tantos que se opunham a ele por inveja; e não sabia que o tempo não se deixa esperar, que a bondade não basta, que a sorte varia, que a malignidade não encontra benefício que a acalme: tanto que ambos foram arruinados, e a ruína deles foi causada por não terem sabido ou podido vencer essa inveja.

Um outro tópico notável é a ordem que Camilo deu, dentro e fora, para a saúde de Roma. E verdadeiramente não é sem razão que os bons historiadores, como é este nosso, examinam particularmente e distintamente certos casos, a fim de que as novas gerações aprendam como defender-se em similares circunstâncias. E deve-se notar, neste texto, que não há defesa mais perigosa nem mais inútil do que aquela que se faz tumultuosamente e sem ordem. E isso se mostra por aquele terceiro exército que Camilo formou para deixá-lo em Roma na guarda da cidade: porque muitos tinham julgado e julgariam essa parte supérflua, sendo aquele povo, como regra, armado e belicoso; e, por isso, não seria necessário formá-lo, mas que bastaria fazê-lo armar quando a necessidade viesse. Mas Camilo, e qualquer um que fosse sábio como ele, julgou-a de outro modo, porque nunca permitiu que uma multidão pegasse em armas senão com certa disciplina e certo método. E, assim, acerca desse exemplo, alguém que seja preposto à guarda de uma cidade deve fugir como de um rochedo da iniciativa de fazer armar os homens tumultuosamente; mas deve ter, primeiramente, alistados e escolhidos aqueles que queira que se armem, que os tenha em obediência, onde reunir-se, onde ir, e, aqueles que não forem alistados, ordenar que se mantenham em suas casas, na proteção delas. Aqueles que tiverem essa ordem em uma cidade sitiada, facilmente poderão defender-se; quem fizer de outro modo não imitará Camilo e não se defenderá.

31

As repúblicas fortes e os homens excelentes mantêm, em qualquer que seja a sorte, o mesmo ânimo e a mesma dignidade

Para mostrar como deve ser feito um homem excelente, dentre outras coisas magníficas que o nosso historiador faz Camilo dizer, põe em sua boca estas palavras: "Não me animou a ditatura, nem me desanimou o exílio"[75]. Pelas quais se vê como os grandes homens são sempre os mesmos em qualquer que seja a sorte; e, se ela varia, ora com exaltá-los, ora com oprimi-los, estes não variam, mas mantêm sempre o ânimo firme e em tal modo unido à sua forma de viver que facilmente se conhece, por meio de cada um, que a sorte não tem poder sobre eles. Diversamente se governam os homens débeis: porque envaidecidos e inebriados na boa sorte, atribuem todo o bem que possuem àquela *virtù* que não tiveram jamais. Donde nasce que se tornam insuportáveis e odiosos a todos aqueles que têm em volta. Disso depois depende a súbita variação da sorte; e assim que a veem no rosto, caem subitamente em outro defeito, tornando-se vis e abjetos. Daqui nasce que os príncipes assim feitos pensam nas adversidades mais em evadir-se do que em defender-se, como aqueles que, por terem usado mal a boa sorte, estão despreparados para qualquer defesa.

Essa *virtù*, e esse vício, que eu digo encontrarem-se em um único homem, encontram-se também em uma república. E os exemplos aqui são os romanos e os venezianos. Aos primeiros, nenhuma má sorte jamais os tornou abjetos, nem nenhuma boa sorte jamais os tornou insolentes, como se viu manifestamente depois da derrota que eles tiveram em Cannes, e depois da vitória que eles tiveram contra Antíoco; porque, por aquela derrota, ainda que gravíssima, por ter sido a terceira, não envileceram jamais; e mandaram os exércitos a campo; não quiseram resgatar seus prisioneiros, contrariamente aos seus regramentos; não enviaram ninguém a Aníbal ou a Cartago para pedir paz: mas, deixando todas essas coisas abjetas para trás, pensando sempre na guerra, armaram, por carestia de homens, os seus velhos e servos. Coisa a qual, ao ser conhecida por Hanão, o cartaginês, como acima se disse[76], mostrou àquele Senado o quão pouco em conta se devia levar a derrota de Cannes. E assim se vê como os tempos difíceis não os amedrontaram nem os tornaram humildes. De outra parte, os tempos prósperos não os tornaram insolentes; porque, mandando Antíoco embaixadores a Cipião para fechar acordo antes que entrassem em combate e que eles teriam perdido, Cipião lhe impôs certas condições para a paz; as quais eram, que ele se retirasse para o interior da Síria e o resto deixasse ao arbítrio do povo romano. Antíoco, recusando o acordo e entrando em combate e perdendo-o, reenviou embaixadores a Cipião, com a proposta de que tomassem tudo aquilo que cabia ao vencedor; aos quais não propôs outro pacto senão aquele proposto antes que vencesse, acrescentando as seguintes palavras: "Que os romanos, se são vencidos, não perdem o ânimo e, se vencem, não são tomados pela soberba"[77]. Propriamente o contrário disso se viu ser feito pelos venezianos, os quais, na boa sorte, parecendo-lhes havê-la ganho com aquela *virtù* que não tinham, chegaram a tanta insolência que chamavam o rei da França de "filho de São Marcos"; não estimavam a Igreja; não cabiam de modo algum na Itália; e eram presumidos no desejo de fazer uma monarquia similar à romana. Depois, como a boa sorte os abandonou e eles tiveram uma meia derrota em Vailá contra o rei da França, perderam não somente todo o seu Estado por rebelião, mas boa parte deram ao papa e ao rei da Espanha por vilania e fraqueza de ânimo; e tanto envileceram que mandaram embaixadores ao imperador para deixarem-se tributar, escreveram ao papa cartas plenas de vilania e submissão para movê-lo à compaixão. Infelicidade à qual chegaram em quatro dias e após uma meia derrota; porque, tendo combatido o seu exército enquanto se retirava, veio a combate e foi oprimido cerca da metade dele; de modo que um dos capitães que se salvou chegou a Verona com mais de vinte e cinco mil soldados entre a pé e a cavalo. Donde que, se em Veneza e nas suas leis houvesse algum tipo de *virtù*, facilmente poderiam refazer-se e mostrar de novo o rosto à fortuna, a tempo ou de vencer ou de perder mais gloriosamente ou de obter um acordo mais honroso. Mas o seu ânimo vil, causado pelos seus regramentos não bons nas coisas da guerra, os fez, de uma só vez, perderem o Estado e a moral. E sempre acontecerá o mesmo a qualquer um que se governe como eles. Porque esse tornar-se insolente na boa sorte e abjeto na má sorte, nasce do teu modo de proceder e da educação na qual foste nutrido; a qual, quando é débil e vã, torna-te semelhante a ela; quando é de outro modo, retribui-te também com uma outra sorte e, fazendo-te melhor conhecedor do mundo, te faz regozijar-te menos do bem e afligir-te menos do mal. E aquilo que se diz de um só se diz de muitos que vivem em uma mesma república, os quais se fazem daquela mesma perfeição que há no modo de viver daquela.

E ainda que em outra ocasião[78] tenha sido dito como o fundamento de todos os bons Estados é a boa milícia, e como onde não há esta não podem ser boas nem as leis nem coisa alguma, não me parece supérfluo repeti-lo, porque em cada ponto, ao reler essa história, vê-se aparecer essa necessidade, e se vê como a milícia não pode ser boa se não é exercitada, e como não se pode exercitá-la se não é composta pelos teus súditos. Porque não se está, nem se pode estar sempre em guerra, mas convém poder exercitá-la em tempo de paz, e com outros que não súditos não se pode fazer esse exercício, tendo em vista a despesa. Camilo tinha andado, como acima dissemos[79], com o exército contra os toscanos, e, tendo os seus soldados visto a grandeza do exército inimigo, amedrontaram-se todos, parecendo-lhes serem tão inferiores a ponto de não poderem conter o ímpeto daqueles. E, chegando essa má disposição das fileiras aos ouvidos de Camilo, dirigiu-se a elas, andando e falando a estes e aqueles soldados, tirou da cabeça deles essa opinião e, por último, concluiu, sem ordenar de outra forma, dizendo aos soldados: "Cada um fará aquilo que aprendeu e está habituado a fazer"[80]. E, quem considera bem esse termo e essas palavras para encorajar a ira contra o inimigo, avalia como não se podia nem dizer nem fazer nenhuma daquelas coisas a um exército que primeiramente não estivesse organizado e exercitado tanto na paz como na guerra; porque naqueles soldados que não aprenderam a fazer coisa alguma, um capitão não pode confiar e crer que façam alguma coisa bem; e se os comandasse um novo Aníbal, arruinaria sob tais soldados. Porque, não podendo um capitão estar, enquanto se faz a batalha, em toda parte, a menos que tenha em toda parte homens que possuam o seu espírito, bem como as ordens e os modos de seu proceder, convém que necessariamente se arruíne. Se, portanto, uma cidade for armada e organizada como Roma, e que a seus cidadãos todo dia, em particular e em público, caiba fazer experiência tanto da *virtù* deles como do poder da sorte, acontecerá que sempre, em todas as circunstâncias, demonstrarão o mesmo ânimo e manterão a mesma dignidade. Mas quando estiverem desarmados, e se apoiarem somente nos ímpetos da sorte e não na própria *virtù*, variando com o variar daquela, darão sempre o seu exemplo tal qual deram os venezianos.

32
Quais meios usaram alguns para turbar a paz

Tendo as colônias Circei e Velitre rebelado-se contra o povo romano, sob a esperança de serem defendidas pelos latinos, e sendo depois os latinos vencidos e, na ausência daquela esperança, aconselhavam muitos cidadãos que se devesse mandar a Roma embaixadores para se defenderem no Senado; proposta a qual foi turbada por aqueles que haviam sido os autores da rebelião, os quais temiam que toda a punição se voltasse sobre as suas cabeças. E para afastar qualquer arrazoamento de paz, incitaram a multidão a armar-se e atacar os confins romanos. E, realmente, quando alguém quer que ou um povo ou um príncipe enfraqueça totalmente o ânimo de um acordo, não há outro remédio mais verdadeiro nem mais seguro do que fazê-lo praticar alguma grave perversidade contra aquele com o qual tu não queres que o acordo seja feito; porque aquele temor daquela punição que a ele parecerá, pelo erro cometido, ser merecida, vai mantê-lo sempre distante. Depois da primeira guerra que os cartagineses tiveram com os romanos, aqueles soldados que foram utilizados pelos cartagineses naquela guerra na Sicília e na Sardenha, assim que foi feita a paz, foram para a África; onde, não ficando satisfeitos com seu salário, empunharam as armas contra os cartagineses, e feitos dentre eles dois cabeças, Mato e Espêndio, ocuparam muitas terras dos cartagineses e muitas foram saqueadas. Os cartagineses, por tentarem primeiramente qualquer outro caminho que o combate, enviaram a eles como embaixador o cidadão Asdrúbal, o qual pensavam que tivesse alguma autoridade sobre eles, pois havia sido anteriormente o seu capitão. E chegado este e querendo Espêndio e Mato obrigar a todos aqueles soldados a não terem mais nenhuma expectativa de paz com os cartagineses, e desse modo obrigá-los à guerra, persuadiram-nos de que era melhor amassá--lo, assim como todos os cidadãos cartagineses que pudessem, depois disso, ser aprisionados. Donde não somente o amassaram, não sem antes o maltratarem com milhares de suplícios, adicionando a essa cruel-dade um edital, de que todos os cartagineses, que no futuro fossem capturados, deveriam ser mortos de semelhante forma. Tal deliberação e execução tor-naram aquele exército cruel e obstinado contra os cartagineses.

33

É necessário, querendo vencer uma batalha, fazer o exército confiante entre si e com o capitão

Querendo que um exército vença a batalha, é necessário fazê-lo confiante, de modo que creia dever vencer em qualquer circunstância. As coisas que o fazem confiante são: que seja armado e bem organizado; que conheçam uns aos outros. Essa confiança ou essa organização não pode nascer senão naqueles soldados que nasceram e viveram juntos. Convém que o capitão seja estimado a ponto de confiarem na sua prudência; e sempre confiarão quando o virem organizado, solícito e corajoso, e que mantenha bem e com reputação a majestade do seu posto. E sempre a manterá se punir os erros cometidos por eles, e não os afadigue em vão, cumpra as suas promessas, mostre ser fácil a via da vitória, e oculte ou alivie aquelas coisas que à distância poderiam mostrar os perigos. Coisas as quais, bem observadas, são a causa maior de que o exército confie e, confiando, vença. Os romanos costumavam agir de modo que seus exércitos ganhassem essa confiança por meio da religião; donde nascia que com os augúrios e os auspícios criavam os cônsules, faziam o alistamento, partiam com os exércitos e rumavam para a batalha. E, sem ter feito nenhuma dessas coisas, jamais um capitão bom e sábio teria tentado alguma façanha, julgando que poderia perdê-la facilmente se os seus soldados não tivessem antes entendido que os deuses estavam do lado deles. E quando algum cônsul ou um outro capitão deles tivesse ido contra os auspícios, era punido, como puniram Cláudio Pulcro. E ainda que se evidencie essa parte em toda a história romana, todavia se prova muito certa pelas palavras que Tito Lívio usa pela boca de Ápio Cláudio, o qual, lamentando-se ao povo da insolência dos tribunos da plebe e mostrando que, por culpa daqueles, os auspícios e as outras coisas pertinentes à religião corrompiam-se, disse assim: "Ridicularizam-se até mesmo os ritos religiosos. Que importa se os frangos não comem, se relutam em sair do galinheiro, se um pássaro tem cantado mal? São pequenas coisas; mas, não as descuidando, os nossos antepassados fizeram grande a república"[81]. Porque nessas pequenas coisas está aquela força para manter unidos e confiantes os soldados, o que é a razão primeira de cada vitória. Porém, convém que, dessas coisas, esteja acompanhada a *virtù*, senão nada valem. Os cidadãos de Preneste, tendo fora o seu exército lutando contra os romanos, andaram e alojaram-se às margens do Rio Allia, mesmo lugar em que os romanos foram vencidos outrora pelos gauleses; o que fez com que seus soldados fossem tomados de confiança e atemorizassem os romanos pela sorte do lugar. E ainda que essa sua posição fosse aprovável pelas razões que acima foram discutidas, o desfecho, no entanto, mostrou que a verdadeira *virtù* não teme nem mesmo o mínimo acidente. O que o historiador diz de modo excelentíssimo com estas palavras postas na boca do ditador, que fala assim ao seu mestre de cavalaria: "Cuida como estão enfileirados às margens do Allia, confiando na fortuna: tu confias nas armas, e invade em meio a eles"[82]. Porque uma verdadeira *virtù*, uma ordem correta, uma segurança impregnada por tantas vitórias não se pode apagar com coisas sem importância; nem uma coisa à toa faz medo a eles, nem uma desordem os ofende. Como se viu ainda neste exemplo: estando os dois cônsules Mânlios contra os volscos, por terem mandado imprudentemente parte das tropas a predar, aconteceu que, ao mesmo tempo, aqueles que saíram e aqueles que ficaram encontraram-se cercados; perigo do qual não a prudência dos cônsules, mas a *virtù* dos próprios soldados os libertou. Sobre o que Tito Lívio disse estas palavras: "A *virtù* dos soldados, ainda que sem comando, salvou-os"[83]. Não quero deixar para trás uma palavra usada por Fábio, o qual, tendo reentrado, com seu exército, na Toscana, para infundir-lhe confiança, julgando ser a confiança mais necessária por tê-lo conduzido a um novo país e a enfrentar novos inimigos, fala pouco antes da batalha aos soldados, e dito que há muitas razões pelas quais eles poderiam esperar a vitória, disse que poderia ainda dizer-lhes certas coisas boas pelas quais veriam a vitória certa, se não fosse perigoso manifestá-las. De qualquer modo, como isso foi sabiamente usado, merece, assim, ser imitado.

34

Qual fama ou voz ou opinião faz com que o povo comece a favorecer um cidadão; e se ele escolhe os magistrados com mais prudência do que um príncipe

Em outra ocasião[84] falamos como Tito Mânlio, que foi depois chamado "Torquato", salvou Lúcio Mânlio, seu pai, de uma acusação que lhe havia feito Marco Pompônio, tribuno da plebe. E ainda que o modo de o salvar fosse um tanto violento e extraordinário, todavia aquela piedade filial foi vista como tão grata por todos que não somente não foi repreendido; mas, tendo-se que eleger os tribunos das legiões, Tito Mânlio ficou em segundo lugar. Sucesso pelo qual creio que seja bom considerar sobre o modo que tem o povo para julgar os homens nas suas escolhas; e que, por elas, vejamos se é verdadeiro, como acima se concluiu, que o povo faça melhores escolhas do que o príncipe.

Digo, portanto, que o povo vai atrás daquilo que se diz de um cidadão por voz pública e fama, escolhendo ou por suposição ou opinião que se tem dele, desde que por suas obras dignas de nota não o conheça de outro modo. Duas coisas as quais são causadas ou pelos pais daqueles, uma vez que, por terem sido grandes e valentes homens na cidade, supõe-se que os filhos deveriam ser similares a eles, a menos que pelas suas ações se entenda o contrário, ou são causadas pelos modos daquele de quem se fala. Os melhores modos que se pode ter são: ter a companhia de homens honestos, de bons costumes, e reputados como sábios por todos. E porque não pode haver nenhum indício maior de um homem do que as companhias com as quais ele anda, pois justamente um que anda com companhias honestas conquista um bom nome, porque é impossível que não haja qualquer similitude com aqueles. Ou realmente se conquista essa fama pública por meio de ação notável e extraordinária, ainda que privada, a qual te tenha elevado honrosamente. E de todas essas três coisas, que dão no princípio boa reputação para alguém, nenhuma te dá maior do que esta última. Porque aquela primeira, dos parentes e pais, é tão falaz, que os homens se veem ao relento, e em pouco tempo ela se consome, quando a *virtù* própria daquele que há de ser julgado não o acompanha. A segunda, que te faz conhecer por meio das tuas companhias, é melhor do que a primeira, mas é muito inferior à terceira; porque até que não se veja algum sinal que nasça de ti, a tua reputação está fundada sobre a opinião, a qual é facílima de ser cancelada. Mas aquela terceira, sendo principiada e fundada sobre fato e sobre obra tua, te dá, a princípio, tanto nome que é preciso que operes depois com muitas coisas contrárias a ela, querendo anulá-la. Devem, portanto, os homens que nascem em uma república tomar esse caminho, e engenhar--se com alguma ação extraordinária e assim começar a destacar-se. O que muitos fizeram a Roma na juventude, promulgando uma lei que servisse ao bem comum, ou acusando algum cidadão poderoso como transgressor das leis, ou fazendo semelhantes coisas notáveis e novas das quais se tivesse o que falar. Não somente são necessárias semelhantes coisas para começar a dar-se a reputação, mas são ainda necessárias para mantê-la e aumentá-la. E, querendo fazer isso, precisa-se renová-las, como por todo o tempo de sua vida fez Tito Mânlio; porque, tendo defendido tão *virtuosa* e extraordinariamente o pai, e por essa ação adquirida a sua primeira reputação, após alguns anos combateu com aquele gaulês e, uma vez morto, arrancou-lhe aquele colar de ouro que lhe deu o nome de "Torquato"[85]. Não bastando isso, depois, já em idade madura, amassou o filho por ter combatido sem a sua licença, ainda que ele tivesse vencido o inimigo. As três ações então lhe deram mais nome, e por todos os séculos o fizeram mais célebre e laureado do que algum triunfo e alguma outra vitória de outro romano. E a causa é porque em suas vitórias Mânlio teve muitíssimos outros similares, mas nessas ações particulares teve ou pouquíssimos ou nenhum outro.

A Cipião não trouxeram tanta glória todos os seus triunfos como lhe trouxeram por ter, ainda jovem, defendido o pai às margens do Tesino, e por ter, depois da derrota de Cannes, corajosamente feito, com a espada desembainhada, muitos jovens romanos jurarem que não abandonariam a Itália, como já entre eles haviam deliberado; duas ações as quais foram o princípio para a sua reputação, e fizeram-lhe escala aos triunfos da Espanha e da África. Tal reputação foi ainda aumentada quando, na Espanha, devolveu a filha ao pai e a esposa ao marido. Esse modo de proceder não é necessário somente àqueles cidadãos que queiram adquirir fama para obter as honras de sua república, mas é também necessário aos príncipes para manterem a reputação em seu principado; porque nada os faz ser tão estimados quanto dar de si raros exemplos com algum fato ou dito raro conforme ao bem comum, o qual mostre o senhor ou magnânimo ou liberal ou justo, e que seja tal que permaneça como provérbio entre os seus súditos.

Mas, para retornar de onde começamos este discurso, digo que o povo, quando começa a dar uma distinção a um de seus cidadãos, apoiando-se sobre aquelas três causas supracitadas, não se apoia mal; mas depois, quando os muitos exemplos de boas ações de alguém o fazem mais conhecido, apoia-se melhor, porque, em tal caso, é certo que quase nunca se engane. Eu falo somente daquelas distinções que se dão aos homens no princípio, antes que, por firme experiência, sejam conhecidos, ou que passem de uma ação à outra dissimilar; onde, tanto quanto à falsa opinião quanto à corrupção, sempre farão erros menores do que os príncipes. E porque pode ser que os cidadãos se enganariam quanto à fama, à opinião e quanto às obras de um homem, estimando-as maiores do que são na verdade (o que não aconteceria a um príncipe, pois lhe seria dito e seria advertido por quem o aconselhasse), os bons fundadores das repúblicas estipularam, para que aos cidadãos não faltassem ainda esses conselhos, que, tendo-se que criar os postos supremos nas cidades, aos quais fosse perigoso alçar homens incapazes, e vendo-se o ímpeto popular sendo dirigido no sentido de criar algum que fosse incapaz, fosse então lícito a cada cidadão, e lhe fosse imputada a glória, de defender nas assembleias o impedimento daquele, a fim de que o povo, não lhe faltando o conhecimento, possa melhor julgar. E que isso se praticasse em Roma testemunha o discurso de Fábio Máximo, o qual ele fez ao povo na segunda guerra púnica, quando, na criação dos cônsules, as intenções se voltavam a criar Tito Otacílio; e Fábio Máximo, julgando-o incapaz de governar o consulado naqueles tempos, falou-lhe contra, mostrando a sua incapacidade; tanto que o impediu de ocupar aquele posto e mudou as intenções do povo a quem o merecia mais do que ele. Julgam, portanto, os cidadãos, na eleição para os magistrados, segundo aqueles sinais mais verdadeiros que se possa ter dos homens; e quando eles podem ser aconselhados como os príncipes, erram menos do que os príncipes; e aquele cidadão que queira começar a ter os favores do povo, deve ganhá-lo com algum fato notável, como fez Tito Mânlio.

35

Quais perigos trazem o fazer-se cabeça ao aconselhar uma coisa; e, quanto mais ela tem de extraordinário, maiores são os perigos que se corre

O quanto seja coisa perigosa fazer-se cabeça de uma coisa nova que pertença a muitos, e o quanto seja difícil tratá-la e conduzi-la e, conduzida, mantê-la, seria matéria demasiadamente longa e alta demais para refletir-se; porém, reservando-a a um lugar mais conveniente[86], falarei somente daqueles perigos a que se sujeitam os cidadãos ou aqueles que aconselham um príncipe a se fazer cabeça de uma deliberação grave e importante, de modo que todo o conselho sobre ela seja imputado a ele. Porque, julgando os homens as coisas segundo o fim, todo o mal que resulta delas imputa-se ao autor do conselho e, se o resultado é bom, é louvado; mas de longe o prêmio não contrapesa ao dano. O atual sultão Selim, dito Gran Turco, estando preparado (segundo referem alguns que vêm de seu país) para fazer a empresa de Soria e do Egito, foi aconselhado por um de seus governadores, Bascia, o qual ele tinha na fronteira da Pérsia, a empreender contra Sofi. Movido pelo conselho, andou com um exército numerosíssimo àquela empreitada; e chegando a um país vastíssimo onde existem muitos desertos e raros cursos de água, e encontrando-se aquelas dificuldades que já levaram à ruína muitos exércitos romanos, foi oprimido por ela de tal modo que perdeu pela fome e pela peste, ainda que na guerra fosse superior, grande parte de seu exército; de modo que, irado contra o autor do conselho, amassou-o. Nos livros encontram-se muitas alusões aos cidadãos que se puseram a aconselhar uma empreitada e, por ela ter tido um triste fim, foram exilados. Fizeram-se cabeças alguns cidadãos romanos para que se instituísse em Roma o cônsul plebeu. Aconteceu que o primeiro que saiu em campanha com os exércitos foi derrotado. De modo que àqueles conselheiros teria havido algum dano, se não tivesse havido tanto orgulho daquela parte em honra da qual havia vindo tal deliberação.

É coisa, portanto, certíssima, que aqueles que aconselham uma república e aqueles que aconselham um príncipe são postos entre estas angústias: que, se não aconselham abertamente sobre as coisas que a eles parece útil, ou pela cidade ou pelo príncipe, faltam com a sua obrigação: se os aconselham, colocam em perigo a sua vida e a do Estado, sendo todos os homens, quanto a isso, cegos, por julgarem os bons e os maus conselhos segundo o fim. E pensando sobre qual modo eles poderiam fugir a essa infâmia ou a esse perigo, não vejo outro caminho que tomar a coisa moderadamente, e não tomar nenhuma como a sua empreitada, e dizer a sua opinião sem paixão, e sem paixão e com modéstia defendê-la; de modo que, se a cidade ou o príncipe segue-a, que a siga voluntariamente, e não pareça que tenha sido tomada pela tua inconveniência. Se ages assim, não é razoável que um príncipe ou um povo que aconselhas te queira mal, não sendo o conselho seguido contra a vontade de muitos; porque te sujeitas a perigo naquelas circunstâncias onde muitos te contradizem, os quais depois, com o fim infeliz, concorrem para fazer-te arruinar. E se, nesse caso, se carece daquela glória que se conquista, ao estar só contra muitos a aconselharem uma coisa, quando ela surte um bom fim, está-se, por sua vez, diante de dois bens: o primeiro, a ausência de perigo; o segundo, que, caso tu aconselhes uma coisa modestamente, e pela discordância o teu conselho não seja seguido, e pelo conselho de outros resulte alguma ruína, a ti resulta glória grandíssima. E ainda que não se possa gozar a glória que se conquista por causa dos males que sofram a tua cidade ou o teu príncipe, todavia, é de tê-la em alguma conta.

Outro conselho não creio que se possa dar aos homens nesta parte: porque, aconselhando-os que calassem e que não dissessem as suas opiniões, seria coisa inútil à república ou ao seu príncipe, e não fugiriam ao perigo, porque em pouco tempo se tornariam suspeitos. E ainda poderia acontecer a eles como àqueles amigos de Perseu, rei da Macedônia; o qual, tendo sido derrotado por Paulo Emílio, e fugindo com poucos amigos, aconteceu que, ao discutir os eventos recentes, um deles começou a dizer a Perseu os muitos erros cometidos por ele, que teriam sido a causa da sua ruína: contra o qual Perseu revoltou-se e disse: "És um traidor, por teres protelado a dizer-me agora que eu não tenho mais remédio!" e, logo após essas palavras, amassou-o. E assim aquele sujeitou-se à censura por ter calado quando devia falar e de ter falado quando devia calar; não fugiu ao perigo por não ter dado o conselho. Porém, quanto a isso, creio que seja suficiente entender e observar as palavras acima escritas.

36

As causas pelas quais os gauleses tenham sido e ainda sejam julgados, no princípio da guerra, como sendo mais do que homens e, depois, no seguimento da guerra, como sendo menos do que mulheres

A ferocidade daquele gaulês que, às margens do Aniene, desafiava qualquer romano a combater contra ele, e depois a luta feita entre ele e Tito Mânlio, fazem-me lembrar daquilo que Tito Lívio muitas vezes disse: que os gauleses são, no princípio da guerra, mais do que homens e, no seguimento do combate, decaem a menos do que mulheres. E pensando de onde que isso nasça, muitos creem que a natureza deles seja assim feita; o que eu creio que seja verdade, mas não é por isso que essa natureza deles, que os faz ferozes no princípio, não pudesse ser regrada, por meio da disciplina, e os mantivesse ferozes até o último momento.

E querendo provar isso, digo que existem três tipos de exércitos; um, onde há furor e regramento, porque do regramento nasce o furor e a *virtù*, como era aquele dos romanos; porque se vê em todas as histórias que naquele exército havia um bom regramento, que havia introduzido nele uma disciplina militar já por longo tempo. Porque, em um exército bem ordenado, ninguém deve fazer nenhuma ação se não estiver regulada; e se constatará, por isso, que no exército romano, o qual tendo vencido o mundo e do qual os outros exércitos devem seguir o exemplo, não se comia, não se dormia, não se ia ter com meretrizes, não se fazia nenhuma ação ou militar ou doméstica sem a ordem do cônsul. Porque aqueles exércitos que agem de outro modo não são verdadeiros exércitos. E, se alcançam alguma façanha, alcançam-na por furor e por ímpeto momentâneo e não por *virtù*. Mas onde a *virtù* regrada conjuga o furor com os meios e com as circunstâncias, nenhuma dificuldade o envilece, nem lhe faz faltar o ânimo: porque as boas ordens refrescam-lhe o ânimo e o furor, nutridos pela esperança de vencer, a qual nunca falta até que as ordens estejam cumpridas. O contrário acontece naqueles exércitos onde há furor, mas não há regramento, como eram os gauleses; os quais, todavia, eram limitados no combater, porque, não alcançando a vitória com o primeiro ímpeto e não sendo sustentados por uma *virtù* que regrasse aquele seu furor no qual eles confiavam, nem havendo fora disso algo em que eles confiassem, assim que aquele era esfriado, falhavam. Os romanos, ao contrário, duvidando menos dos perigos por causa dos seus bons regramentos, não desconfiando da vitória, combatiam firmes e obstinados com o mesmo ânimo e com a mesma *virtù* no fim como no princípio; incitados pelas armas, sempre se inflamavam. O terceiro tipo de exército é aquele onde não há furor natural nem mesmo regramento acidental, como são os exércitos italianos dos nossos tempos, os quais são totalmente inúteis. E se eles não derrotassem um exército que se põe em fuga por algum acidente, jamais saberiam o que é vencer[87]. E sem acrescentar outros exemplos, cada um pode ver, a cada dia, como eles dão provas de não ter qualquer *virtù*.

E para que, com o testemunho de Tito Lívio, cada um entenda como deve ser feita a boa milícia e como é feita a real, eu quero acrescentar as palavras de Papírio Cursor, quando ele queria punir Fábio, mestre de cavalaria, ao dizer: "Não se tem mais respeito nem pelos deuses, nem pelos homens; não se respeitam nem as ordens dos comandantes, nem os auspícios. Licenciosamente vagam os soldados por terras amigas ou inimigas; esquecidos dos juramentos, licenciam-se de suas obrigações quando bem entendem; bandeiras abandonadas, comandos rejeitados; não se distingue mais entre dia e noite, entre boa e má posição, e se combate indiferentemente com ou contra a ordem do chefe, descuidando bandeira e formação; então a nossa milícia, uma vez austera e sacra, será igual a um bando de ladrões, cegamente botados em desbarate"[88]. E possam, portanto, por meio desse texto, facilmente ver se a milícia de nossos tempos é cega e fortuita, ou sagrada e solene, e o quanto lhe falta para ser semelhante àquela que se pode chamar de "milícia", e o quanto ela está distante de ser furiosa e regrada, como a romana, ou apenas furiosa, como a gaulesa.

37

Se as pequenas batalhas antes da jornada[89] são necessárias; e como se deve fazer para conhecer um novo inimigo, querendo escapar dele

E parece que, nas ações dos homens, como em outra ocasião discutimos[90], encontra-se, além de outras dificuldades ao desejar conduzir a coisa à sua perfeição, que sempre próximo ao bem esteja algum mal, o qual com aquele bem tão facilmente nasce que parece impossível poder faltar um querendo o outro. E isso se vê em todas as coisas que os homens operam. E, todavia, conquista-se o bem com dificuldade, se tu não és ajudado pela sorte, de modo que ela, com a sua força, vença este inconveniente comum e natural. Isso me fez lembrar a batalha entre Mânlio e os gauleses, acerca da qual Tito Lívio disse: "Aquele combate teve tanta importância para o êxito da guerra inteira, que o exército dos gauleses, abandonando apressadamente o acampamento, passou no Agro Tiburtino e, em seguida, em Campânia"[91]. Porque eu considero, por um lado, que um bom capitão deve evitar sempre operar alguma coisa que, sendo de pouca importância, possa produzir efeitos nocivos no seu exército; porque começar uma batalha na qual não entrem em ação todas as forças e se arrisque toda a sorte, é algo totalmente temerário, como eu disse acima[92] quando eu condenei o cuidar dos desfiladeiros.

Por outro lado, quero considerar como os capitães sábios, quando vêm de encontro a um novo inimigo e que seja respeitado, são compelidos, antes que venham à batalha, a fazer conhecer aos seus soldados, com breves combates, tais inimigos, a fim de que, começando a conhecer e a lutar, percam aquele terror oriundo da fama e da reputação deles. E esta parte, em um capitão, é importantíssima; porque ela tem em si quase uma necessidade que te obriga a fazê-la, parecendo-te que estás a andar a uma manifesta derrota, se não tiveres antes afastado dos teus soldados, com pequenas experiências, aquele terror que a reputação do inimigo havia infundido no ânimo deles.

Valério Corvino foi mandado pelos romanos com os exércitos contra os samnitas, novos inimigos, e que anteriormente não haviam ainda provado as armas um do outro; segundo Tito Lívio, Valério fez com que os romanos enfrentassem os samnitas em alguns combates leves, "A fim de que não temessem uma guerra e um inimigo desconhecidos"[93]. Todavia, é risco gravíssimo, tendo sido os teus soldados vencidos nesses combates leves, que o medo e a vilania não cresçam neles e produzam efeitos contrários aos desejados por ti, isto é, que tu os enfraqueça tendo desejado fortalecê-los; tanto que esta é uma daquelas coisas em que o mal está tão próximo do bem, a ponto de estarem tão unidos, que é fácil alcançar-se um acreditando obter o outro. Eu digo sobre isso que um bom capitão deve observar com toda a diligência que não surja nada que, por algum acidente, possa retirar o ânimo de seu exército. Aquilo que lhe pode retirar o ânimo é começar a perder; e, contudo, deve precaver-se de pequenos combates, e não os permitir senão com grandíssima vantagem e com a esperança de vitória certa. Não deve fazer ações como defender desfiladeiros, onde ele não possa manter todo o seu exército em ação; não deve defender terras senão aquelas que, perdendo--as, necessariamente seguiria a sua própria ruína; e, aquela que defende por necessidade, em caso de expugnação, organizar-se de modo que, com as defesas dessa e com o seu exército, ele possa empregar todas as suas forças para retomá-la; as outras deve deixar indefesas. Porque toda vez que se perde uma coisa que se abandona, mas o exército esteja ainda unido, não se perde a reputação da guerra nem a esperança de vencê-la; mas quando se perde uma coisa que tu tenhas projetado defender, e que todos acreditem que tu a defendas, então sucede o dano e a perdição; e, assim como aconteceu com os gauleses, perde-se a guerra por uma coisa de pouca importância.

Filipe da Macedônia, pai de Perseu, homem militar de grandes recursos em seu tempo, sendo atacado pelos romanos em seus domínios, muitos dos quais ele julgava não poder defender, abandonou-os e entregou-os, julgando que, por ser prudente, seria mais pernicioso perder a reputação, ao não poder defendê-los, do que deixá-los como presa ao inimigo, perdendo-os como coisa de pouco valor. Os romanos, quando, após a derrota de Cannes, viram a sua situação com aflição, negaram a sua ajuda a muitos de seus protegidos e súditos, ordenando-lhes que se defendessem o melhor que pudessem. Decisões as quais são muito melhores do que assumir a defesa e depois não a cumprir; porque nesta decisão perdem-se amigos e força, naquela, amigos somente. Mas, voltando aos pequenos combates, digo que se, mesmo assim, um capitão é impelido pela novidade do inimigo a fazer um combate, deve fazê-lo com tanta vantagem a seu favor que não haja nenhum perigo em perdê--lo: ou realmente fazer como Mário (a qual é a melhor decisão), o qual, em campanha contra os cimbros, povo ferocíssimo que viera predar a

Itália, e trazendo um medo enorme, pela ferocidade e sua multidão de combatentes e por já ter vencido um exército romano, julgou Mário ser necessário, antes que viesse a batalha, operar alguma coisa pela qual o seu exército depusesse aquele terror que o medo do inimigo lhes havia trazido e, como prudentíssimo capitão, mais de uma vez colocou o seu exército no lugar onde os cimbros, com o exército deles, deveriam passar. E assim, dentro das fortalezas de seu campo, quis que os seus soldados os vissem e acostumassem os olhos à visão daquele inimigo; a fim de que, vendo uma multidão desordenada, plena de impedimentos, com armas inúteis e em parte desarmada, readquirissem a confiança e se tornassem desejosos da batalha. Tal decisão, como aquela tomada sabiamente por Mário, deve ser diligentemente imitada para não incorrer naqueles perigos sobre os quais eu falei acima, e não ter que fazer como os gauleses, "que assustados por uma coisa de pouca importância, fugiram para o Agro Tiburtino e na Campânia"[94]. E porque nós defendemos Valério Corvino neste discurso, quero, no capítulo seguinte, mediante as suas palavras, demonstrar como deve ser feito um capitão.

38

Como deve ser feito um capitão no qual o seu exército possa confiar

Valério Corvino, como acima se disse[95], estava com o exército contra os samnitas, novos inimigos do povo romano; de modo que, para assegurar-se e a seus soldados e para fazê-los conhecer os inimigos, os fez fazer certos combates leves; e, não lhe bastando isso, quis, na iminência da batalha, falar a eles, e mostrou, com a devida eficácia, o quanto eles deviam pouco estimar a tais inimigos, alegando a *virtù* de seus soldados e a sua própria. Donde se pode notar, pelas palavras que Lívio o faz dizer, como deve ser feito um capitão em quem um exército deva confiar; palavras as quais são estas: "Esses devem fixar o rosto sobre aquele, considerar os comandos e auspícios sob os quais entrarão na batalha; se se trata de um fecundo orador, agradável de escutar, feroz com as palavras mas inexperiente com a guerra, ou alguém que saiba carregar uma lança, avançar na primeira linha, deixar tomar o coração pelo espírito da batalha. Vós, soldados, segui as minhas ações, não as minhas palavras, esperai de mim não somente ordens, mas exemplos, de mim que conquistei com esta mão direita três consulados e altos louvores"[96]. Palavras as quais, bem consideradas, ensinam a qualquer um como se deve proceder querendo manter o posto de capitão; e aquele que tiver feito de outro modo, descobrirá, com o tempo, seja por sorte ou por ambição a ele levado, que aquele posto lhe retirará e não lhe dará reputação; porque os títulos não ilustram os homens, mas os homens, os títulos. Deve-se ainda, acerca do que se disse no princípio desse discurso, considerar que, se os grandes capitães usaram termos extraordinários para firmar o ânimo de um exército veterano quando deve defrontar-se com inimigos insólitos, mais ainda se tem que usar a engenhosidade caso se comande um exército novo que jamais tenha visto o inimigo frente a frente. Porque, se o inimigo inusitado infunde medo ao exército veterano, bem maior deve ser o medo infundido pelos inimigos em um exército novo. Também se viu, muitas vezes, todas essas dificuldades serem vencidas por bons capitães com grande prudência; como fizeram aquele Graco romano e Epaminondas tebano, dos quais em outra ocasião falamos[97], que com exércitos novos venceram exércitos veteranos e exercitadíssimos.

Os meios que eles empregavam eram: exercitá-los muitos meses em batalhas simuladas e habituá-los à obediência e à ordem; e, depois disso, entregavam-se, com a máxima confiança, à verdadeira guerra. Não se deve, portanto, duvidar de que algum homem militar não possa formar bons exércitos, desde que não lhe faltem homens; porque aquele príncipe que dispõe de muitos homens e se ressente da falta de soldados, deve somente lamentar-se, não da vilania dos homens, mas da sua preguiça e pouca prudência.

39

Que um capitão deve ser conhecedor do terreno

Dentre outras coisas que são necessárias a um capitão de exércitos está o conhecimento dos lugares e dos países, porque, sem esse conhecimento geral e particular, um capitão de exército não pode fazer bem coisa alguma. E porque, dentre todas as ciências que requerem prática, querendo-se perfeitamente dominá-las, esta é uma que demanda grandíssima prática. Essa prática, ou esse conhecimento particular, conquista-se mais mediante a caça do que algum outro exercício. Por isso, os antigos escritores dizem que aqueles heróis que governaram o mundo em seu tempo nutriram-se nas florestas e das caças; porque a caça, além de propiciar esse conhecimento, ensina infinitas coisas que na guerra são necessárias. E Xenofonte, na vida de Ciro, mostra que, ao ir Ciro atacar o rei da Armênia, no limiar daquela façanha, recordou aos seus soldados que aquela não era outra senão uma daquelas caçadas que haviam feito com ele muitas vezes. E lembrava àqueles que enviava para fazer uma emboscada nas montanhas que elas eram similares àquelas em que iam estender as redes nas trilhas; e àqueles que corriam pelas planícies, que eram ações similares àquelas em que iam tirar a fera de seu covil, a fim de que, perseguida, corresse para as redes.

Eu digo isso para mostrar como as caçadas[98], segundo o que Xenofonte aprova, são uma representação de uma guerra e, por isso, aos grandes homens tal exercício é honroso e necessário. Não se pode ainda adquirir esse conhecimento do terreno com outro modo cômodo senão pela via da caça; porque a caça faz, ou àquele que a usa, saber como está particularmente aquela região onde ele a exercita. E uma vez que alguém se tenha familiarizado bem com uma região, com facilidade compreende depois todas as novas regiões; porque cada região e cada parte daquela têm entre si alguma conformidade, de modo que, do conhecimento de uma facilmente se passa ao conhecimento de outra. Mas quem não conhece bem uma na prática, com dificuldade, antes senão após um longo tempo, pode conhecer a outra. E, quem tem essa prática, com um simples olhar sabe como se estende aquela planície, como surge aquele monte, onde termina aquele vale, e todas as outras coisas similares, das quais ele obteve anteriormente um conhecimento firme. E que isso seja verdadeiro nos mostra Tito Lívio com o exemplo de Públio Décio, o qual, sendo tribuno dos soldados no exército que o Cônsul Cornélio conduzia contra os samnitas, e estando o cônsul limitado por um vale onde o exército dos romanos poderia ser cercado pelos samnitas, e vendo-se em tanto perigo, disse ao cônsul: "Vedes, Aulo Cornélio, aquele pico acima de onde estão os inimigos? Uma vez que os incautos samnitas o deixaram desocupado, se formos capazes de ocupá-lo, será a rocha da nossa esperança e salvação"[99]. E diante dessas palavras, ditas por Décio, Tito Lívio disse: "Públio Décio, tribuno militar, avista um cume isolado, alto sobre a garganta, inacessível a um exército com todo o aparato militar, mas não a homens com armamento leve"[100]. Donde, tendo sido mandado para a ocupação, pelo cônsul, com três mil soldados, e tendo salvo, com isso, o exército romano e planejando, vindo a noite, partir e salvar ainda a si e a seus soldados, disse estas palavras:

"Venham comigo, para ver, enquanto ainda há um pouco de luz, onde os inimigos possam ter colocado sentinelas, e onde possa estar aberta uma via de saída"[101]. Quem considerar, portanto, todo esse texto, verá o quanto é útil e necessário a um capitão conhecer a natureza dos terrenos; porque se Décio não os conhecesse[102], não teria podido jamais julgar qual a utilidade, para o exército romano, que teria tomar aquela colina; nem teria podido saber, a distância, se aquela colina era acessível ou não; e uma vez chegando nela, querendo partir para retornar à posição em que o cônsul se encontrava, e tendo os inimigos nas imediações, não teria podido, a distância, conjeturar acerca dos caminhos a tomar e dos lugares vigiados pelos inimigos. Tanto que era imprescindível que Décio tivesse tal conhecimento perfeito: o qual fez que, com a conquista daquela colina, salvasse o exército romano; depois soube, estando cercado, encontrar o caminho para salvar a si e aqueles que haviam permanecido consigo.

40
Como o uso da fraude no manejo da guerra é coisa gloriosa

Ainda que usar a fraude em todas as ações seja detestável, todavia, no contexto de guerra, é coisa louvável e gloriosa, e igualmente é louvado aquele que com a fraude supera o inimigo, como aquele que o supera com a força. E isso se vê pelo julgamento que é feito por aqueles que escrevem sobre a vida dos grandes homens, os quais louvam Aníbal e os outros que foram notabilíssimos em semelhantes modos de proceder. Por ler-se sobre muitos exemplos disso nos livros, não repetirei aqui nenhum. Direi somente isto, que eu entendo que não é gloriosa aquela fraude que te faz romper a palavra dada e os pactos feitos; porque esta, ainda que a ti traga às vezes Estado e reino, como acima se disse[103], jamais te trará glória. Mas falo daquela fraude que se usa com aquele inimigo que desconfia de ti, e que consiste propriamente no manejar a guerra; como foi aquela de Aníbal, quando às margens do lago de Perúgia simulou a fuga para cercar o cônsul e o exército romano; e quando, para sair das mãos de Fábio Máximo, acendeu os cornos do seu rebanho.

Tais fraudes foram similares a esta que usou Pôncio, capitão dos samnitas, para cercar o exército romano dentro dos desfiladeiros de Cáudio: o qual, tendo posicionado seu exército ao redor das montanhas, mandou, para a parte plana, alguns de seus soldados sob vestes de pastores com um grande rebanho. Os quais, sendo pegos pelos romanos e perguntando-lhes onde estava o exército dos samnitas, confessaram todos, segundo as ordens de Pôncio, que ele estava no cerco de Nocera. Coisa a qual, acreditada pelos cônsules, fez com que eles entrassem nos penhascos de Cáudio; assim que entraram, foram subitamente cercados pelos samnitas. E teria sido essa vitória, alcançada pela fraude, gloriosíssima a Pôncio se ele tivesse seguido os conselhos do pai, o qual queria que os romanos ou fossem libertados ou fossem todos amassados e que não se tomasse a via do meio, a qual, como diz Tito Lívio, "não procura amigos e não elimina os inimigos"[104]. Tal via foi sempre perniciosa nas coisas de Estado, como acima em outro lugar se discorreu[105].

41

Que a pátria se deve defender ou com ignomínia ou com glória, e, em qualquer modo, está bem defendida

Estavam, como acima se disse[106], o cônsul e o exército romano assediados pelos samnitas, os quais, havendo proposto aos romanos condições ignominiosíssimas (como querer subjugá-los e, desarmados, reenviá-los a Roma), e por isso estando os cônsules atônitos e todo o exército desesperado, Lúcio Lentolo, oficial romano, disse que não lhe parecia que se devesse fugir de qualquer decisão que implicasse salvar a pátria; porque, consistindo a vida de Roma na vida daquele exército, parecia-lhe que devia ser salvo de qualquer modo. E que a pátria é bem defendida por qualquer meio que seja defendida, ou com ignomínia ou com glória; porque, salvando-se aquele exército, Roma estaria ainda em tempo de desfazer a ignomínia; não se salvando, ainda que morresse gloriosamente, Roma e sua liberdade estariam perdidas. E assim foi seguido o seu conselho. Isso merece ser notado e observado por qualquer cidadão que se encontre a aconselhar a sua pátria; porque onde se delibera amplamente sobre a saúde da pátria, não se deve transigir por nenhuma consideração nem do justo nem do injusto, nem do piedoso nem do cruel, nem do louvável nem do ignominioso; ao contrário, postergada qualquer outra consideração, seguir sempre aquele caminho que salve a vida da pátria e mantenha a sua liberdade. Coisa a qual é imitada com as palavras e as ações dos franceses, ao defenderem a majestade de seu rei e o poder de seu reino; porque nenhuma voz ouvem mais impacientemente do que aquela que dissesse: 'Tal escolha é ignominiosa para o rei"; porque dizem que o seu rei não pode passar vergonha em qualquer deliberação sua, ou na sorte boa ou adversa, porque se perde, se vence, tudo dizem ser coisas de rei.

42

Que as promessas feitas pela força não se devem cumprir

Quando os cônsules retornaram a Roma com o exército desarmado e com a ignomínia recebida, o primeiro que disse no Senado que a paz feita em Cáudio não se devia observar, foi o Cônsul Espúrio Postúmio, dizendo que o povo romano não era obrigado a acatar a paz feita, mas que ele e os outros que haviam prometido a paz eram obrigados a isso. E, contudo, o povo, querendo liberar-se de qualquer obrigação, teria que entregar nas mãos dos samnitas, como prisioneiros, a ele e a todos os outros que a haviam prometido. E com tanta obstinação foi feita a defesa dessa conclusão de que o Senado a acatou; e mandando-o e aos outros para a prisão em Sâmnio, protestaram assim aos samnitas dando a entender que a paz não valia. E tanto foi, nesse caso, a sorte favorável a Postúmio que os samnitas não o retiveram e, tendo retornado a Roma, foi Postúmio considerado pelos romanos mais glorioso por ter perdido do que foi considerado Pôncio, pelos samnitas, por ter vencido. Aqui há de se notar duas coisas: uma, que em qualquer ação pode-se conquistar glória, porque na vitória se conquista como regra, na derrota se conquista ou ao mostrar que ela não veio por tua culpa, ou por fazer, em seguida, alguma ação *virtuosa* que a anule; a outra é que não é vergonhoso não observar aquelas promessas que te fizeram prometer pela força; e sempre as promessas forçadas que dizem respeito ao bem público, quando cessar a força que as impôs, devem ser rompidas sem motivo de vergonha por parte de quem as rompe. Assunto sobre o qual se encontram em toda a história vários exemplos; e muitos deles se veem nos tempos presentes. E não somente as promessas forçadas não são observadas entre os príncipes, quando a força desaparece, mas não se observam ainda todas as outras promessas quando deixam de existir as causas que levaram à promessa. O que, se é algo louvável ou não, ou se de um príncipe deve-se esperar o emprego de meios similares ou não, é tema largamente discutido por nós no nosso tratado *O príncipe*[107]; no presente, no entanto, o calaremos.

43

Que os homens que nascem em uma mesma província mantêm, por todos os tempos, quase a mesma natureza

Costumam dizer os homens prudentes, e não é por acaso ou imerecidamente, que quem queira ver aquilo que há de ser, que considere aquilo que foi: porque todas as coisas do mundo em todos os tempos têm peculiar similitude com os tempos antigos. Isso nasce porque, sendo as coisas feitas pelos homens, que têm e sempre tiveram as mesmas paixões, convém, necessariamente, que neles surtam o mesmo efeito. Verdade é que suas obras são mais *virtuosas* ora nesta província do que naquela e naquela mais do que nesta, segundo a forma da educação na qual aqueles povos aprenderam o seu modo de viver. Facilita ainda o conhecimento das coisas futuras por meio das passadas, ver uma nação manter os mesmos costumes por longo tempo, sendo ou continuamente avara ou continuamente fraudulenta, ou ter algum outro vício ou *virtù* similar. E quem for ler sobre as coisas passadas da nossa cidade de Florença, e considerar ainda aquelas ocorridas em tempos recentes, encontrará o povo alemão e francês plenos de avareza, de soberba, de ferocidade e de infidelidade; porque todas essas quatro coisas, em diversos tempos, ofenderam muito a nossa cidade. E quanto à pouca fé, todos sabem quantas vezes se deu dinheiro ao Rei Carlos VIII, e ele prometia devolver as fortalezas de Pisa e não as devolveu jamais. Assim aquele rei mostrou a sua pouca fé e a sua grande avareza. Mas deixemos de lado essas coisas recentes. Cada um pode ter compreendido aquilo que se seguiu na guerra que fez o povo florentino contra os Visconti, duques de Milão; e estando Florença privada de outros expedientes, pensou em conduzir o imperador à Itália, para que, com a sua força e reputação, ocupasse a Lombardia. O imperador prometeu vir com muitos homens e fazer aquela guerra contra os Visconti e defender Florença do poder deles, quando os florentinos lhe dessem cem mil ducados adiantados e cem mil depois que estivessem na Itália. Pactos com os quais consentiram os florentinos, e pagaram-lhe os primeiros cem mil e depois os segundos, e assim que chegou a Verona, voltou atrás sem fazer coisa alguma, justificando que aqueles que não haviam observado o pacto estariam entre os florentinos. De modo que, se Florença não estivesse ou obrigada pela necessidade ou vencida pela paixão, e tivesse estudado e conhecido os antigos costumes dos bárbaros, não teria estado nem nessa situação nem muitas outras vezes teria sido enganada por eles; tendo eles permanecido sempre de um mesmo modo e tendo, em toda parte, usado os mesmos meios. Como se vê que fizeram antigamente os toscanos; os quais, sendo oprimidos pelos romanos, por terem sido muitas vezes por eles postos em fuga e derrotados, e vendo não poder, mediante as suas forças, resistir ao ímpeto daqueles, pactuaram com os gauleses que, aquém dos Alpes, habitavam na Itália, prometendo dar-lhes certa soma em dinheiro, e que fossem obrigados a unir seus exércitos com os deles e lutar contra os romanos; donde se seguiu que os gauleses, uma vez recebido o dinheiro, não quiseram depois pegar em armas pelos toscanos, dizendo que o haviam aceitado não para fazer guerra aos seus inimigos, mas para que se abstivessem de predar o país toscano. E assim o povo toscano, por avareza e pouca fé dos gauleses, ficou, de repente, privado de seu dinheiro e da ajuda que ele esperava daqueles. De modo que se vê, por esse exemplo dos antigos toscanos e por aquele dos florentinos, os antigos gauleses e os franceses terem usado os mesmos meios, e por isso facilmente se pode conjeturar o quanto os príncipes podem confiar neles.

44

Muitas vezes alcança-se com o ímpeto e com a audácia aquilo que com meios convencionais jamais se alcançaria

Sendo os samnitas atacados pelo exército de Roma, e não podendo estar com o seu exército em campanha para defender-se contra os romanos, deliberaram deixar guarnecidas as terras em Sâmnio e passar com todo o seu exército na Toscana, a qual estava em trégua com os romanos; e ver, com tal incursão, se podiam, com a presença de seu exército, induzir os toscanos a retomar as armas, o que haviam negado a seus embaixadores. E, na exposição que fizeram os samnitas aos toscanos, ao mostrar principalmente o que os havia induzido a pegar em armas, usaram um estratagema notável ao dizerem "rebelai-vos, porque é mais danosa a paz com opressão do que a guerra com liberdade"[108]. E, assim, parte com a persuasão, parte com a presença do seu exército, levaram os toscanos a retomar as armas. Aqui é de se notar que, quando um príncipe deseja obter uma coisa de um outro, deve, se a ocasião o permite, não lhe dar espaço para deliberar, e agir de modo que veja a necessidade da decisão rápida, a qual se dá quando aquele que é indagado dá-se conta de que ao negar ou ao retardar o pedido lhe nasceria uma súbita e perigosa indignação.

Viu-se ser bem usado este meio, em nossos tempos, pelo Papa Júlio com os franceses, e pelo monsenhor de Fois, capitão do rei da França, com o marquês de Mântua: porque o Papa Júlio, querendo caçar os Bentivogli de Bolonha, e julgando, para isso, precisar do exército francês e que os venezianos ficassem neutros, e tendo procurado a um e a outro, e recebendo deles respostas dúbias e evasivas, deliberou, sem dar-lhes tempo para pensar, que ambos deviam concordar com a sua decisão. E, partindo de Roma com tantos quantos pôde reunir, foi em direção a Bolonha; e aos venezianos mandou dizer que se mantivessem neutros, e ao rei da França, que lhe mandasse o exército. De modo que, estando todos restringidos pelo pouco espaço de tempo, e vendo que no papa deveria nascer, retardando ou negando seu pedido, uma manifesta indignação, cederam à sua vontade; e o rei mandou-lhe ajuda e os venezianos mantiveram-se neutros.

Quanto ao monsenhor de Fois, estando com o exército em Bolonha, e tendo ficado ciente da rebelião de Bréscia, e querendo recuperar a cidade, tinha dois caminhos: um, pelo domínio do rei, caminho longo e tedioso; o outro, breve, pelo território de Mântua; e não somente era necessário passar pelos domínios daquele marquês, mas lhe convinha entrar por certas passagens entre pântanos e lagos, que são abundantes naquela região, as quais eram fechadas e protegidas por ele com fortalezas e outros meios. Situação em que Fois, tendo deliberado avançar pelo caminho mais curto e, para vencer todas as dificuldades, sem dar ao marquês tempo para decidir-se, de repente mandou a sua gente por aquele caminho, e ao marquês requisitou que lhe mandasse as chaves daquela passagem. De modo que o marquês, atordoado com essa súbita decisão, mandou-lhe as chaves; as quais jamais lhe teriam sido enviadas se Fois tivesse agido mais trepidamente, uma vez que aquele marquês estava em liga com o papa e os venezianos e tendo um dos seus filhos nas mãos do papa[109]; tudo isso lhe dava muitas escusas honestas para negar a passagem. Mas, surpreendido com a súbita decisão, pelas causas que acima se expôs, concedeu-a. Assim fizeram os toscanos com os samnitas, tendo aqueles, pela presença do exército de Sâmnio, pego aquelas armas que eles lhes haviam negado pegar em outros tempos.

45

Qual seria a melhor decisão nas jornadas, ou conter o ímpeto dos inimigos e, uma vez contido, chocá-los; ou, de imediato, atacá-los com fúria

Os cônsules romanos Décio e Fábio estavam indo de encontro aos exércitos dos samnitas e dos toscanos, e chegando à batalha e à jornada juntos[110], é de se avaliar em tal façanha qual, dentre os dois diferentes modos de proceder dos cônsules, seria o melhor. Porque Décio, com todo o ímpeto e com todo o seu esforço, atacou o inimigo; Fábio somente o conteve, julgando ser mais útil o ataque lento, reservando o seu ímpeto para o último ataque, quando o inimigo tivesse perdido o primeiro ardor ao combater e, como nós dizemos, o seu próprio ímpeto. Aqui se vê, pelo sucesso da coisa, que Fábio saiu-se muito melhor no projeto do que Décio: o qual se extenuou nos primeiros ímpetos, de modo que, vendo os seus soldados mais em volta do que diversamente, para conquistar com a morte aquela glória à qual, com a vitória, não havia podido alcançar, em imitação ao pai sacrificou a si mesmo pelas legiões romanas. Tal situação foi comunicada a Fábio, o qual, para não conquistar menos honra vivendo do que tivesse conquistado o seu colega morrendo, reuniu todas aquelas forças que havia reservado para tal necessidade, o que o levou a uma felicíssima vitória. Assim se vê que o modo de proceder de Fábio é mais seguro e mais imitável.

46

De onde nasce que uma família, em uma cidade, tenha, por um tempo, os mesmos costumes

E parece que não somente entre uma cidade e outra existam certos costumes e instituições diversas, e produzam homens ou mais duros ou mais efeminados, mas na mesma cidade se vê tal diferença manifestar-se entre uma família e outra. O que se comprova como verdadeiro em qualquer cidade e, acerca da cidade de Roma, muitos exemplos foram descritos; porque se vê os Mânlios demonstrarem ser duros e obstinados, os *publicoli*, homens benignos e amantes do povo, os *apii*, ambiciosos e inimigos da plebe, e assim muitas outras famílias têm suas qualidades diversas das outras. O que não pode nascer somente do sangue, porque convém que ele varie, mediante a diversidade de matrimônios; mas é necessário que venha da educação diversa que há entre uma família e outra; pois a elas é bastante importante que um jovenzinho, em seus tenros anos, comece a ouvir falar "bem" ou "mal" de alguma coisa, porque convém necessariamente que isso o impressione, e, daquele caso, depois regre o modo de proceder em todos os momentos da sua vida. E se não fosse assim, seria impossível que todos os *apii* tivessem tido a mesma vontade e tenham sido agitados pelas mesmas paixões, como observa Tito Lívio em muitos deles; e, por último, sendo um deles feito censor, e tendo o seu colega, ao fim de dezoito meses, como dispunha a lei, abdicado da magistratura, Ápio não quis abdicar, dizendo que podia mantê-la por cinco anos, segundo a primeira lei promulgada pelos censores. E ainda que sobre isso tenham sido feitos muitos discursos e tivesse gerado muitos tumultos, não houve, todavia, nenhum remédio que fizesse com que Ápio abdicasse, contrariando a vontade do povo e da maior parte do Senado. E quem for ler o discurso contrário que fez Públio Semprônio, tribuno da plebe, notará todas as insolências apianas, e toda a bondade e humanidade usada por inúmeros cidadãos pela obediência às leis e aos auspícios de sua pátria.

47
Que um bom cidadão deve, por amor à pátria, esquecer as injúrias pessoais

O Cônsul Márcio estava com o exército contra os samnitas; e tendo sido ferido em uma batalha, e por isso levando perigo aos seus soldados, o Senado julgou ser necessário mandar o ditador Papírio Cursor, para suprir os defeitos do cônsul. E sendo necessário que o ditador fosse nomeado por Fábio, o qual era cônsul com os exércitos na Toscana, e temendo, por ser-lhe inimigo, que não quisesse nomeá-lo, os senadores enviaram-lhe dois embaixadores a defender que, posto de lado o ódio pessoal, deveria nomeá-lo em vista do benefício público. Fábio o fez, movido pela caridade à pátria, ainda que, com o seu silêncio e muitos outros meios, demonstrasse que tal nomeação o incomodava. Tal decisão deve servir de exemplo a todos aqueles que procuram ser tidos como bons cidadãos.

48
Quando se vê um inimigo cometer um grande erro, deve-se crer que tenha sido a pretexto de fraude

Tendo sido o oficial Fúlvio empossado no comando do exército que os romanos tinham na Toscana, pois o cônsul havia ido a Roma para algumas cerimônias, os toscanos, para ver se podiam enganá--lo, prepararam uma emboscada próximo aos campos romanos, e mandaram alguns soldados, com vestes de pastores e com muito gado, e os fizeram ir à vista do exército romano; os quais, assim travestidos, aproximaram-se do cercado do campo, onde Fúlvio, maravilhando-se com essa presunção, não lhe parecendo isso nem um pouco razoável, conseguiu descobrir a fraude; e assim o projeto dos toscanos foi frustrado. Aqui se pode facilmente notar que um capitão de exércitos não deve acreditar em um erro que se veja o inimigo cometer; porque sempre será a pretexto de fraude, não sendo razoável que os homens sejam tão incautos. Mas, frequentemente, o desejo de vencer cega a alma dos homens, que não veem outra coisa senão aquilo que parece ser feito para eles.

Os gauleses, tendo vencido os romanos em Allia, e avançando em direção a Roma e encontrando as portas abertas e sem guardas, ficaram toda aquele dia e a noite sem entrar, temerosos de fraude, e não podendo acreditar que houvesse tanta vilania e tão pouca ponderação nos corações romanos a ponto de abandonarem a pátria. Em 1508, estando os florentinos em luta contra Pisa, Alfonso del Mutolo, cidadão pisano, que se encontrava aprisionado pelos florentinos, prometeu que, se ele fosse libertado, abriria uma porta de Pisa ao exército florentino. Então ele foi libertado; depois, para cumprir o prometido, veio muitas vezes falar com os representantes dos comissários florentinos; e não vinha escondido, mas abertamente e acompanhado de cidadãos de Pisa: os quais deixava de lado quando falava com os florentinos. De modo que se poderia conjeturar sobre o seu propósito dúbio; porque não era razoável, se o pacto fosse confiável, que ele fizesse as tratativas abertamente. Mas o desejo que se tinha, de apoderar-se de Pisa, cegou de tal modo os florentinos que, conduzindo-se com suas tropas à porta de Lucca, perderam muitos de seus capitães e outros soldados, com desonra para si mesmos, por causa da dúbia traição que cometeu o dito Alfonso.

49

Em uma república, querendo mantê-la livre, os governantes têm necessidade de novas providências; e por quais méritos Quinto Fábio foi chamado de "Máximo"

É inevitável, como em outras ocasiões foi dito[111], que a cada dia em uma cidade grande nasçam acidentes que tenham a necessidade de um médico; em segundo lugar, o que importa mais, convém encontrar o médico mais sábio. E se em alguma cidade nunca nasceram tais acidentes, em Roma nasceram muitos estranhos e inesperados; como foi aquele quando pareceu que todas as mulheres romanas teriam conspirado mortalmente contra os seus maridos, sendo que foram encontradas algumas que os haviam envenenado, e muitas outras que haviam preparado o veneno para envená-los. Como foi ainda aquela conspiração das Bacanais, que foi descoberta no tempo da guerra macedônica, onde já estavam envolvidos muitos milhares de homens e de mulheres; e, se não tivesse sido descoberta, teria sido perigosa para aquela cidade, ou mesmo se os romanos não estivessem dispostos a castigar a multidão errante; porque, ainda que não se visse por outros infinitos sinais a grandeza daquela república e o poder de suas execuções, vê-se pela qualidade da punição que ela impunha a quem errava. Nem duvidou em fazer morrer, pela via da justiça, uma legião inteira de uma vez, e uma cidade, e de confinar oito ou dez mil homens em condições extraordinárias, impossíveis de serem observadas por um só, muito menos por muitos; como aconteceu àqueles soldados que infelizmente haviam combatido em Cannes, os quais confinou na Sicília, e impôs a eles que não se albergassem em terra e que se alimentassem em pé.

Mas, dentre tantas execuções, a mais terrível era dizimar o exército, em que, por sorteio, um de cada dez de todo o exército era morto. Nem se podia, para castigar uma multidão, encontrar uma punição mais pavorosa do que esta. Porque, quando uma multidão erra, de modo que não haja um autor certo, a todos não se pode castigar por serem muitos; punir uma parte dela, e deixando uma parte impune, faria mal àqueles que se fossem punidos, e os impunes teriam ânimo de errar novamente. Mas, amassando a décima parte por sorteio, quando todos o mereciam, quem é punido se lamenta da sorte; quem não é punido tem medo de que, em uma outra ocasião, a sorte não esteja ao seu lado, e cuida para não errar.

Foram, portanto, punidos as envenenadoras e os conspiradores das Bacanais, segundo o mérito de seus pecados. E ainda que essas doenças, em uma república, tenham maus efeitos, não são a sua morte, porque quase sempre se está a tempo de corrigi-las; mas não se está mais em tempo se essas doenças encontram-se naqueles que resguardam o Estado, os quais, se não são corrigidos por alguém prudente, arruínam a cidade. Havia em Roma, pela liberalidade que os romanos costumavam conceder a cidadania a forasteiros, nascido tanta gente nova, que começaram a ter tanta gente para votar, que o governo começava a mudar e afastava-se daquelas coisas e daqueles homens onde estava acostumado a ir. Quinto Fábio, que era censor, dando-se conta disso, organizou toda essa gente nova, de quem dependia essa desordem, sob quatro Tribos, de forma que não pudessem, reduzidos a tão pequenos espaços, corromper toda Roma. Isso foi bem compreendido por Fábio que lhe aplicou, sem que provocasse alterações da república, o conveniente remédio; civilidade a qual foi tão bem aceita que ele mereceu ser chamado de "Máximo"[112].

Notas

1. "*Gli ordini*", literalmente "as ordens"; a expressão, sempre no plural, é usada diversas vezes ao longo do livro. Decidi traduzi-la por "regramentos", uma vez que a palavra "ordens", em língua portuguesa, tem um acento demasiadamente imperativo, enquanto a palavra, em Maquiavel, tem um caráter mais normativo e até mesmo existencial. Em *O príncipe*, no cap. XIX, em que o autor reflete, na parte final, sobre a sucessão dos imperadores romanos, Pertinax, por exemplo, é apresentado como alguém que não se manteve no poder porque não seguiu os regramentos de seu antecessor, Cômodo, cujo Estado havia sido fundado na licenciosidade dos exércitos; e o próprio Cômodo, filho do imperador e filósofo Marco Aurélio, não soube manter o império herdado do pai, em tese bem mais fácil de ser mantido, porque fez tudo de modo diverso ao que o pai havia feito, sendo que apenas lhe bastaria, segundo Maquiavel, "seguir os vestígios do pai". Ocasionalmente, traduzi "*ordini*" por "ordenamentos".

2. "Quod quotidie aggregatur aliquid, quod quandoque indiget curatione."

3. Aqui, assim como na minha tradução de *O príncipe*, decidi não traduzir "*virtù*", porque o termo não tem o sentido de "virtude", que possui uma acepção fortemente cristã e platônica, sujeitando-se, por isso, à crítica feita no cap. XV de *O príncipe*. Ademais, considero fraca a equivalência entre *virtù* e caráter ou temperamento, porque o caráter ou o temperamento, como uma tintura indelével e penetrante, já está dado, enquanto a *virtù* vem e se esvai, é levada ou é trazida, estando, portanto, como qualidade, circunstanciada ao contexto da ação e da vida viva; a *virtù*, como é dada pelo modo de relação entre o meu caráter e as variações da sorte ou do azar, comporta uma escala também mutável, como as variações do amor, sujeita às contingências da vida. A *virtù* não é algo que alguém tenha em si.

4. *Discorsi*, livro II, 28, § 1: "O poder do desprezo junto aos homens se conhece por aquilo que aconteceu aos romanos quando mandaram os três Fábios, oradores, contra os gauleses que tinham vindo assaltar Toscana e, em particular, Chiusi. Porque, tendo o povo de Chiusi pedido ajuda a Roma contra os gauleses, os romanos enviaram embaixadores aos gauleses, os quais, em nome do povo romano, comunicaram-lhes para que se abstivessem de fazer guerra aos toscanos. Oradores os quais, estando na área de combate e mais aptos a fazer do que a dizer, vindo os gauleses e os toscanos à guerra, meteram-se entre os primeiros e combateram contra eles; de onde nasce que, sendo reconhecidos por eles, todo o desprezo que tinham contra os toscanos voltou-se contra os romanos. Desprezo o qual tornou-se maior porque, tendo os gauleses, por meio de seus embaixadores, reclamado com o Senado romano sobre tal injúria e exigido que, para satisfazer o dano, fossem-lhes entregues os Fábios, não somente não foram entregues a eles ou de outro modo castigados; mas, vindo os comícios, foram feitos tribunos com poder consular. De modo que, vendo os gauleses ser honrados aqueles que deviam ser punidos, tomaram tudo como sendo feito em seu desprezo e ignomínia, e, acesos de desdém e de ira, vieram a assaltar Roma e aquela tomaram, exceto o Capitólio".

5. "Jus gentium", literalmente, "o direito das gentes" ou "os direitos dos povos".

6. Júnio Bruto, eleito cônsul após a morte de Tarquínio, o Soberbo, nada fez para salvar da morte os seus filhos, Tito e Tibério, que participaram de uma conspiração de jovens romanos para o retorno de Tarquínio ao poder; Bruto teria, inclusive, presidido o tribunal e assistido à decapitação. O assunto é tema do cap. 3 deste livro.

7. "Os dez cidadãos", isto é, os decênviros; *Discorsi*, livro I, 40, § 2: "Após muitas disputas e constantes contestações entre o povo e os Nobres, para firmar novas leis em Roma, pelas quais se consolidasse mais a liberdade daquele Estado, concordaram em mandar a Atenas Espúrio Postúmio e dois outros cidadãos, a fim de que, sobre os exemplos daquelas leis que Sólon deu àquela cidade, pudessem fundar as leis romanas. Indo e vindo aqueles, chegam à criação daqueles homens que haveriam de examinar e firmar as ditas leis; e criaram dez cidadãos por um ano, entre os quais foi criado Ápio Cláudio, homem sagaz e inquieto. E para que pudessem sem contestação criar tais leis, levaram-se de Roma todos os outros magistrados e, em particular, os tribunos e os cônsules, e retirou-se o apelo ao povo, de modo que tal magistrado vinha a ser inteiramente príncipe de Roma. A Ápio reduziu-se toda a autoridade de seus outros companheiros, devido aos favores que a plebe lhe fazia; porque ele se havia feito de forma popular, com tais demonstrações, que parecia admirável que ele tivesse adquirido tão rapidamente uma nova natureza e um novo engenho, tendo sido no passado um perseguidor cruel da plebe".

8. Mélio Frumentário, também Espúrio Mélio. Cf., neste livro, o início do cap. 28. "Frumentário" de *"frumento"*, isto é, de trigo. Mélio foi um cidadão muito rico que decidiu alimentar, por conta própria, a plebe faminta.

9. Mânlio Capitolino: *Discorsi*, livro I, 24, § 2: "A Mânlio Capitolino, por ter salvado o Capitólio dos gauleses que haviam ocupado Roma, foi dado, por aqueles que junto com ele estiveram ali dentro assediados, uma pequena medida de farinha. Prêmio o qual, segundo a sorte que então corria em Roma, foi grande e de tal qualidade que, movido depois Mânlio, ou pela inveja ou pela sua má natureza, a fazer nascer revolta em Roma, e cuidando de ganhar o povo para si, foi, sem qualquer objeção por seus méritos, precipitado do alto daquele Capitólio que ele, anteriormente, havia salvo com tanta glória". Capitolino de "Capitólio".

10. Torquato: cf. caps. 22 e 34 deste livro.

11. Papírio Cursor, Fábio: *Discorsi*, livro I, 31, § 2: "Quando Papírio Cursor quis fazer morrer Fábio, por haver combatido os samnitas contra as suas ordens, entre outras razões que do pai de Fábio eram alegadas contra a obstinação do ditador, era que o povo romano em nenhuma derrota de seus capitães não havia jamais feito aquilo que Papírio queria fazer nas vitórias".

12. Cipiões: cf. cap. 13, deste livro. E ainda *Discorsi*, livro I, 29, § 3: "Mas a ingratidão praticada contra Cipião nasce de uma suspeita que os cidadãos começaram a ter dele e que de outros nunca se tinha tido: a qual, por sua vez, nasceu da grandeza do inimigo que Cipião havia vencido, da reputação que lhe havia dado a vitória, da longa e perigosa guerra, da celeridade dessa, dos favores que a juventude, a prudência e as suas outras memoráveis *virtudes* lhe agregavam. Coisas as quais foram tantas que, por isso, os magistrados de Roma temeram a sua autoridade, o que desagradava os homens sábios, pois era tido como algo inusitado em Roma. E pareceu tão extraordinário o seu modo de viver, que Catão Prisco, reputado como santo, foi o primeiro a fazer-lhe oposição e a dizer que uma cidade não podia se chamar livre onde houvesse um homem que fosse temido pelos magistrados".

13. O discurso de Maquiavel recai, como matriz orientadora de seus raciocínios, a aspectos menores e em geral secundarizados nos livros de história, sobre as ações relativas às "comodidades" ou "incomodidades" dos cidadãos comuns, como Júnio Bruto ou Mânlio Capitolino, ou mesmo dos cônsules ou dos capitães de exército, como Mânlio Torquato e Valério Corvino, e dos bons ou maus efeitos que elas produziram sobre o Estado.

14. Osteologia dos artigos e das questões: de 2 a 6, 17 e 49: sobre o tema das conspirações. A maioria dos textos intermediários (10 a 15, 18 a 22, 31, 33, 37) é sobre a arte e as estratégias da guerra, assim como os da parte final, que tratam da fraude (40, 42, 48), que podem ser tomados como um subdiretório da arte da guerra. Além disso, há vários textos ligeiros, uma outra metade, que remontam a temáticas anteriores, sendo ou sínteses ou complementos, não só dos *Discorsi*, mas de outras obras, especialmente *O príncipe*. Não me parece nem um pouco claro que Maquiavel não escreva, o tempo todo, a mesma obra.

15. Maquiavel emprega a palavra "*commodità*" ou o seu oposto, "*incommodità*", várias vezes; a palavra certamente não deve ser tomada como sinônima de "ocasião" ou "oportunidade", como fazem alguns (embora exista uma relação), pois, nesse caso, frases como a seguinte, que está no início do cap. 2, ficariam redundantes: "todavia, considerado o seu modo de proceder, pode-se crer que simulasse ainda para ser pouco observado, e ter mais comodidade [*più commodità*] para oprimir os reis e libertar a sua pátria, sempre que lhe surgisse ocasião [*occasione*]". Não seria de todo improvável que algum tradutor não se incomodasse com a redundância, apenas atenuando-a com sinônimos, traduzindo a primeira, por exemplo, por "mais ocasião" e a segunda por "oportunidade" ou mesmo que simplificasse o pensamento suprimindo parte da frase de Maquiavel. Penso que, como a palavra surge no contexto das reflexões sobre as conspirações, a comodidade diria respeito às circunstâncias efetivas para o bom término de um plano; assim, a ocasião pode se oferecer para muitos, mas a comodidade apenas para os próximos ao príncipe ou ao governante. A incomodidade, por sua vez, diria respeito aos inconvenientes da ação (que podem estar relacionados ao planejamento, à execução ou às consequências da conspiração), ainda que a ocasião se apresente. Se não há ocasião ou oportunidade, não faz sentido em falar em comodidade ou incomodidade. Seguramente que "comodidade" não tem nada a ver, nesse contexto, com comodismo ou acomodamento.

16. Trata-se aqui de Júnio Bruto; não confundir com Marco Bruto, que conspirou contra César ao lado de Cássio, conforme comentário de Maquiavel no cap. 18 deste livro.

17. Bruto e os dois filhos de Tarquínio, tendo ido juntos a Delfos, ouviram a seguinte predição do oráculo: "Terá, entre vós, poder supremo em Roma quem, em primeiro lugar, beijar sua mãe". Bruto compreendeu que a predição se referia à mãe-pátria; mas, astutamente, já que está diante dos filhos do Rei Tarquínio, beija a mãe-terra, isto é, os deuses, ao mesmo tempo em que, com essa reverência, pretendesse o favorecimento dos deuses para os seus planos conspiratórios.

18. Lucrécia foi violentada por Sexto, filho do Rei Tarquínio o Soberbo; suicida-se após revelar a violação ao marido Colatino e a pessoas próximas.

19. Não é por comodismo ou inaptidão que traduzi "*ammazzare*" por "amassar" (e não por "assassinar" ou "matar"), tanto isso é verdade que, no cap. 6, onde Maquiavel fala sobre a morte do Imperador Cômodo em uma conspiração encabeçada por Márcia, a sua concubina, eu traduzi, para evitar uma conotação sexual, o verbo de fato por "matar". Minha opção tem mais a ver com um gosto de Maquiavel pelos eufemismos, o que já pude observar na minha tradução de *O príncipe*, no qual não se conjuga os verbos "matar" ou "assassinar", mas o neutro "apagar" [*spegnere*], igualmente empregado, no mesmo sentido, no cap. 3 deste livro ao falar sobre Piero Soderini: "e que a sorte e a ambição daqueles que se contrapunham a ele lhe dessem ocasião para apagá-los" [*gli dessi occasione a spegnerli*]. Penso, igualmente, que na linguagem cotidiana encontram-se muitos exemplos análogos de emprego desse verbo, e que justificam o seu emprego em língua portuguesa, como, por exemplo, quando se fala em "amassar" a bola, isto é, jogar mal uma partida de futebol, ou "amassar" o adversário no sentido de derrotá-lo em uma competição.

20. Cf. *O príncipe*, cap. VI: "Dos principados totalmente novos conquistados com armas próprias e *virtù*", parágrafo 4.

21. Cf. *O príncipe*, cap. VII, conclusão.

22. Ao definir o governo de Tarquínio, o Soberbo, como um principado hereditário, Maquiavel parece relevar a primeira regra para a manutenção de tais principados, segundo o cap. II de *O príncipe*: não desprezar a ordem de seus antecessores, já que, para Tarquínio, não restavam, sob os seus pés, injuriados ou revoltosos postulantes ao poder, característica comum aos principados tipicamente hereditários.

23. O cap. 6 é, de todos os capítulos das obras principais de Maquiavel, de longe o mais longo, em que procura escrever sobre o tema de modo mais detalhado possível, "sem nada omitir". É tão grande a energia vital empregada na redação desse capítulo que se tem a impressão de que o próprio livro terceiro dos *Discorsi*, como um todo, nasceu do desejo de preencher uma lacuna que ficara tanto em *O príncipe* como nos dois livros anteriores dos *Discorsi*. Aqui, como em *O príncipe*, há um roteiro ou um arcabouço estruturante que se estende, consistentemente do cap. 1 ao 6. Em *O príncipe*, que é notadamente uma obra com um fôlego conceitual mais vívido, a parte estruturante vai do I ao IX, conforme já tive oportunidade de expor no meu livro *O príncipe & Maquiavel sem ideologias*.

24. *Discorsi*, livro II, cap. 32, § 1: "Quanto ao conquistar as terras por violência furtiva, ocorre como sucedeu com Palépolis, a qual os romanos ocuparam por acordo daqueles de dentro da cidade. Desses tipos de expugnações, muitas tentadas pelos romanos e outros, poucas são bem sucedidas; a razão é que cada mínimo impedimento rompe o projeto, e os impedimentos vêm facilmente. Ou porque a conspiração é descoberta antes que se realize, e descobre-se não com muita dificuldade, seja pela infidelidade daqueles com quem é combinada, seja pela dificuldade de praticá-la, tendo que se pôr de acordo com os inimigos, e com quem não é permitido falar, senão a pretexto de fraude. Mas, ainda que não se descobrisse a conspiração no seu planejamento, surgem, depois, ao colocá-la em prática, mil dificuldades. Porque, ou se tu vens antes do tempo combinado, ou se vens depois, estraga-se alguma coisa; caso se levante um rumor fortuito, como os gansos do Capitólio [os gansos sinaleiros teriam advertido Marco Mânlio, que comandava a defesa do Capitólio contra os gauleses, sobre uma tentativa de invasão por meio de um túnel], caso se rompa uma ordem habitual, cada pequeno erro, cada mínima falácia em que se cai, arruína o projeto. Acrescente-se a isso as trevas da noite, as quais metem mais medo em quem trabalha nessas coisas perigosas. E, sendo a maior parte dos homens que se conduzem a semelhantes projetos inexperientes sobre a região do país e sobre os lugares onde são levados, confundem-se, envilecem e implicam por qualquer mínimo e fortuito acidente; e cada falsa imagem é suficiente para fazê-los tomar o caminho de volta".

25. *O príncipe*, cap. XIX: "Da fuga do desprezo e do ódio".

26. "Ad generum Cereris sine caede et vulnere pauci Descendunt reges et sicca morte tiranni."

27. Traduzi, mais inspirado no contexto da obra, *"relazione"* por "delação", pois, um pouco mais adiante, Maquiavel fala, no mesmo sentido, em *"revelazione"* [revelação], que é um dos sentidos, o mais neutro possível, para delação. *"Coniettura"*, por sua vez, também poderia ser traduzido por "indício", tal como foi o meu primeiro impulso.

28. "Collegit et ipse animum, confusum tantae cogitatione rei."

29. *"Sentire una parola"*, literalmente, "sentir uma palavra" e não "ouvir uma palavra". Maquiavel, no cap. XVIII de *O príncipe*, parece distinguir os sentidos basicamente em dois, a visão e a sensação propriamente dita, a qual englobaria os demais sentidos: "E os homens, em geral, julgam mais pelos olhos do que pelas mãos, porque ver cabe a todos, sentir a poucos".

30. *Discorsi*, livro II, cap. 26, § 8: "Tendo as legiões romanas, deixadas estar em Cápua, conspirado contra os seus cidadãos, como no seu lugar apropriado será narrado, e tendo dessa conspiração nascido uma revolta, a qual foi depois aquietada por Valério Corvino, entre outros artigos que constaram na convenção, determinavam penas gravíssimas àqueles que repreendessem tal revolta a alguns daqueles soldados".

31. Amante de Platão.

32. "Uno comune consenso d'una universalità": literalmente, "um consenso comum de uma universalidade"; a meu ver, não se trata de uma redundância, porque o consenso poderia não ser unânime ou comum; a expressão refere-se, então, ao mesmo consenso de todos.

33. No cap. 6 deste livro: "Isso se aplica a uma república onde há alguma parte de corrupção; porque em uma não corrupta, não tendo lugar para nenhum mau princípio, esses pensamentos não podem ocupar a mente de nenhum de seus cidadãos".

34. *Discorsi*, livro I, cap. 8, § 1: "E entre as outras coisas que Mânlio Capitolino dizia, era que o tesouro, que havia sido juntado para ressarcir os gauleses, e depois não repassado a eles, havia sido usurpado por alguns cidadãos. E quando o reouvessem se poderia convertê-lo em utilidade pública, aliviando a plebe de tributos ou de alguma dívida particular. Essas palavras puderam muito na plebe; de modo que começou a receber apoio e a se fazer, por sua causa, muitos tumultos na cidade; o que, desagradando ao Senado, e parecendo-lhe imprevisível e perigosa, levou-o à criação de um ditador, a fim de que tomasse conhecimento desse caso e freasse o ímpeto de Mânlio. Imediatamente o ditador o citou, e foram a um lugar público, um ao encontro do outro, o ditador em meio aos Nobres, e Mânlio em meio à plebe. Foi perguntado a Mânlio que devesse dizer imediatamente com quem estaria esse tesouro do qual ele falava, porque o Senado estava tão desejoso em saber como a plebe; a que Mânlio não respondia especificamente; mas, falando evasivamente, dizia que não era necessário dizer-lhes aquilo que se sabia, tanto que o ditador o fez meter em cárcere".

35. "Hunc exitum habuit vir, nisi in libera civitate natus esset, memorabilis."

36. *O príncipe*, cap. XXV: "Quanto pode a fortuna nas coisas humanas e de que modo lhe resistir".

37. *Discorsi*, livro I, cap. 53, § 2: "Considerando aquilo de que é fácil ou aquilo de que é difícil persuadir um povo, pode-se fazer esta distinção: ou aquilo de que tu o queres convencer, à primeira vista, representa ganho ou perda; ou verdadeiramente lhe parece escolha corajosa ou vil. E quando, nas coisas que se colocam ante o povo, vê-se ganho, ainda que encobrindo uma derrota, e quando parece escolha corajosa, ainda que encobrindo a ruína da república, sempre será fácil persuadir a multidão. E, do mesmo modo, é sempre difícil persuadir naquelas escolhas que envolvem ou vilania ou perda, ainda que nelas a saúde e o ganho estivessem escondidos. Isso que eu falei confirma-se com infinitos exemplos romanos e estrangeiros, modernos e antigos. Porque disso nasceu a má opinião que surgiu em Roma sobre Fábio Máximo, o qual não conseguia persuadir ao povo romano de que seria útil àquela república proceder lentamente naquela guerra e conter, sem entrar em combate aberto, o ímpeto de Aníbal; porque aquele povo julgava essa escolha vil, e não via o cerne daquela escolha, nem Fábio tinha argumentos suficientes para demonstrá-la a eles".

38. No cap. 3 deste livro.

39. "*Giornata*", isto é, "jornada", que tanto pode significar aqui "o dia de batalha" como "a própria batalha". No cap. XII de *O príncipe*, na crítica que Maquiavel faz aos soldados mercenários, entre outras coisas, considera sobre o modo como estes conduzem a sua jornada, recusando-se a lutar à noite, a fazer paliçadas em torno do acampamento, a combater no inverno.

40. "Cneus Sulpitius dictator adversus Gallos bellum trahebat, nolens se fortunae committere adversus hostem, quem tempus deteriorem in dies, et locus alienus, faceret."

41. *Discorsi*, livro II, cap. 18, último parágrafo: "Eu creio que muitos conheçam essa diferença de *virtù* que há entre um e outro desses regramentos [a infantaria e a cavalaria]; mas é tanta a infelicidade desses nossos tempos, que nem os exemplos antigos nem os modernos nem a confissão do erro é suficiente para fazer com que os príncipes modernos se revejam, e pensem, querendo dar reputação à milícia de uma província ou de um Estado, que seja necessário ressuscitar esses regramentos, tê-los junto a si, dar-lhes reputação, dar-lhes a vida, de modo que aos príncipes a vida e a reputação retornem".

42. "Paese", literalmente, "país"; a palavra remete ao episódio narrado logo mais acima, segundo o qual Filipe somente teria conseguido fugir do cerco dos romanos porque conhecia a "região", notadamente iníqua ou de difícil acesso. Vê-se, dessa forma, que "paese" tem uma acepção fortemente geográfica, tal como se observa nas expressões "conhecimento do terreno" ou em "conhecimento da região".

43. *Discorsi*, livro I, cap. 6, final: "Ali onde se demonstra ser necessária a autoridade dos tribunos para a guarda da liberdade, pode-se facilmente considerar o benefício que faz nas repúblicas a autoridade do acusador, a qual, entre outros poderes, era concedida aos tribunos".

44. No cap. 1 deste livro.

45. *Discorsi*, livro I, cap. 1, § 4: "E porque os homens operam ou por necessidade ou por escolha, e porque se vê ser maior a *virtù* onde a escolha tem menos autoridade, é de se considerar se seria melhor escolher, para a edificação das cidades, lugares estéreis, de modo que os homens, constrangidos a engenharem-se, menos ocupados com o ócio, vivam mais unidos, tendo, pela pobreza do lugar, menores motivos de discórdias, como acontece em Ragusa e muitas outras cidades edificadas em lugares similares; escolha a qual seria sem dúvida mais sábia e mais útil, se os homens ficassem contentes em viver do que é seu e não quisessem comandar os outros".

46. "Iustum est bellum quibus necessarium, et pia arma quibus [nula] nisi in armis spes est."

47. "Ite mecum; non murus nec vallum, armati armatis obstant; virtute pares, quae ultimum ac maximum telum est, necessitate superiores estis."

48. *Discorsi*, livro I, cap. 7, § 1: "Tito Lívio diz que, estando a nobreza romana irritada contra a plebe, por parecer-lhe que a plebe tivesse demasiada autoridade mediante a criação dos tribunos que a defendiam, e tendo Roma entrado em grande penúria de mantimentos, e tendo o Senado mandado buscar grãos na Sicília, Coriolano, inimigo da facção popular, aconselhou que havia chegado o tempo de castigar a plebe e tolher-lhe aquela autoridade que ela, em prejuízo da nobreza, havia tomado para si, mantendo-a faminta e não lhe distribuindo o alimento; opinião a qual, chegando aos ouvidos do povo, despertou tanta indignação contra Coriolano que, ao sair do Senado, o teriam morto em meio à confusão se os tribunos não o tivessem citado a comparecer para defender a sua causa".

49. "Quia ibat ad exercitum sine duce."

50. "Vado ad ducem sine exercitu."

51. *Discorsi*, livro I, cap. 21, último parágrafo: ": "Os tebanos Pelópidas e Epaminondas, após terem libertado Tebas e curado-a da servidão do Império Espartano, encontrando-se em uma cidade acostumada a obedecer e em meio a um povo efeminado, não tiveram dúvidas, tanta era a *virtù* deles, em juntá-los sob as armas e com eles ir em campanha contra os exércitos espartanos, e vencê-los; e quem escreve sobre eles conta como esses dois, em breve tempo, mostraram que não somente na Lacedemônia nasciam guerreiros, mas em todas as outras partes onde nascessem homens, desde que se encontrasse quem os soubesse endereçar à milícia, como se vê que Tulo soube endereçar os romanos".

52. "Suis flammis delete Fidenas, quas vestris beneficiis placare non potuistis."

53. *Discorsi*, livro I, cap. 33, § 1: "Crescendo a República Romana em reputação, força e império, os vizinhos, os quais primeiramente não haviam pensado quanto dano aquela nova república poderia lhes trazer, começaram, embora tarde, a reconhecer o seu erro; e, querendo remediar aquilo que inicialmente não haviam remediado, bem quarenta povos conspiraram contra Roma; donde os romanos, entre os outros remédios usuais feitos por eles para os perigos urgentes, voltaram-se a criar o ditador; isto é, dar poder a um homem que, sem nenhuma consulta, pudesse deliberar e, sem nenhuma apelação, pudesse executar as suas deliberações. Remédio o qual, como então foi útil, e foi a causa de que vencessem os iminentes perigos, assim também foi sempre utilíssimo em todos aqueles acidentes que, com o aumento do império, surgissem contra a república em qualquer ocasião".

54. "Tres Tribuni potestate consulari documento fuere, quam plurium imperium bello inutile esset; tendendo ad sua quisque consilia, cum alii aliud videretur, aperuerunt ad occasionem locum hosti."

55. "Saluberrimum, in administratione magnarum rerum, est summam imperii apud unum esse."

56. *Discorsi*, livro II, cap. 1, § 1: "Vitória após qual não restou, em todo o mundo, nem príncipe nem república, que por si ou todos juntos, pudessem se opor às forças romanas".

57. O rio mais longo da Itália.

58. "In multitudine regenda plus poena quam obsequium valet."

59. *O príncipe*, cap. XVII: "Da crueldade e da piedade; se é melhor ser amado do que temido, ou o contrário".

60. *Discorsi*, livro I, cap. 37, § 1: "Os antigos escritores descrevem como os homens costumam afligir-se no mal e aborrecer-se no bem e como, de uma e de outra dessas duas paixões, nascem os mesmos efeitos. Porque, toda vez que é tirado dos homens o combater por necessidade, combatem por ambição; a qual é tão poderosa nos corações humanos que jamais os abandona, independente do grau em que se eleve. A causa é que a natureza tem criado os homens de modo que possam desejar todas as coisas e não possam conseguir todas as coisas; tal que, sendo sempre maior o desejo do que o poder de conquistar, o resultado é o descontentamento com aquilo que se possui, e a pouca satisfação disso. Daqui nasce a variação da fortuna, porque desejando os homens, em parte ter mais, em parte temendo perder o que foi conquistado, lançam-se à inimizade e à guerra, da qual nasce a ruína daquela província e a exaltação daquela outra".

61. O texto retoma, com os mesmos exemplos, o assunto do cap. XVIII de *O príncipe*.

62. "Iniussu tuo adversus hostem numquam pugnabo, non si certam victoriam videam."

63. No cap. 1 deste livro.

64. O termo "príncipe" engloba não só o monarca, mas também o cidadão de uma república elevado a uma posição executiva ou legislativa temporária, seja um cônsul, um tribuno do povo ou mesmo um ditador, como Camilo ou Cincinato.

65. "Non alias militi familiarior dux fuit, inter infimos milites omnia haud gravate munia obeundo, in ludo praeterea militari, cum velocitatis viriumque inter se aequales certamina ineunt, comiter facilis; vincere ac vinci vultu eodem, nec quemquam aspernari parem qui se offerret; factis benignus pro re, dictis haud minus libertatis alienae quam suae dignitatis memor, et (quo nihil popularius est) quibus artibus petierat magistratus, iisdem gerebat."

66. "Eius virtutem milites oderant et mirabantur."

67. *Discorsi*, livro I, cap. 37, § 1: "À plebe romana não bastou assegurar-se contra os nobres por meio da criação dos tribunos, desejo ao qual foi obrigada pela necessidade; começou ela, subitamente, criado o tribuno, a combater por ambição e a querer dividir com a nobreza as honrarias e as riquezas, como coisa estimada acima de todas as outras. Disso nasceu a doença que pariu o litígio da lei agrária, a qual foi a causa derradeira da destruição da república. E porque as repúblicas bem ordenadas haverão de ter rico o bem público e pobres os seus cidadãos, convém que, na cidade de Roma, houvesse defeito nessa lei: Ou porque fosse feita no princípio de modo que se tivesse que reformulá-la todo dia, ou porque se retardasse tanto em fazê-la que fosse escandaloso aplicá-la retroativamente, ou, tendo sido bem formulada no princípio, foi mais tarde corrompida pelo uso, de forma que, qualquer que fosse o caso, não se deixou de disputar sobre essa lei em Roma sem que a cidade entrasse em convulsão".

68. "Operae praetium est audire, qui omnia prae divitiis humana spernunt, neque honori magno locum, neque virtuti putant esse, nisi effusae affluant opes."

69. Um *iugeri* corresponde, aproximadamente, a meio hectare de terra; logo, a propriedade de Cincinato tinha em torno de dois hectares, um pequeno sítio, diríamos hoje.

70. *Discorsi*, livro I, cap. 40, § 4: "Ápio Cláudio enamorou-se de Virgínia e, querendo tomá-la a força, o pai dela, Virgínio, para libertá-la, matou-a; donde seguiram os tumultos de Roma e dos exércitos, os quais, reunidos com o restante da plebe romana, foram ao Monte Sacro, onde tanto ficaram que os decênviros depuseram a sua magistratura e foram criados os tribunos e os cônsules, e Roma reconduzida à forma de sua antiga liberdade".

71. *O príncipe*, cap. XX: "Se as fortalezas e muitas outras coisas, que frequentemente são feitas pelos príncipes, são úteis ou não" e *Discorsi*, livro II, cap. 24, último parágrafo: "Aquele príncipe, portanto, que pode formar um bom exército, pode fazê-lo sem edificar fortalezas; aquele que não tem um bom exército não deve edificá-las. Deve fortalecer bem a cidade onde habita, e mantê-la abastecida e bem dispostos os cidadãos dela, para poder refrear tanto um ímpeto inimigo ou que um acordo ou que a ajuda externa a liberte. Todos os outros projetos são dispendiosos nos tempos de paz e inúteis nos tempos de guerra. E assim, quem considerar tudo aquilo que eu disse, saberá que os romanos, tão sábios que foram em seus outros regramentos, também foram prudentes nesse julgamento acerca dos latinos e dos Privernati; onde, não pensando em fortalezas, deles se asseguraram com meios muito *virtuosos* e sábios".

72. "Timasitheus multitudinem religione implevit quae semper regenti est similis."

73. "E quel chi fa il signor, fanno poi molti; / Che nel signor son tutti gli occhi volti."

74. "Nec quicquam de maiestate sua detractum credebant, quod maiestati eius concessissent."

75. "Nec mihi dictatura animos fecit, nec exilium ademit."

76. *Discorsi*, livro II, cap. 30, § 4: "E que isso seja verdadeiro viu-se pela pergunta que fez Hanão, o cartaginês, àqueles embaixadores de Aníbal, após a derrota de Cannes, os quais, havendo magnificado as coisas feitas por Aníbal, foram perguntados por Hanão se alguém do povo romano havia vindo pedir a paz e se onde se falava o latim e entre as colônias alguma terra havia se rebelado contra os romanos; e negando aqueles uma e outra, replicou Hanão: "Esta guerra está ainda inteira como no início".

77. "Quod Romani si vincuntur, non minuuntur animis; nec, si vincunt, insolescere solent."

78. *O príncipe*, cap. XII: "De quantos gêneros são as milícias, e dos soldados mercenários".

79. No cap. anterior.

80. "Quod quisque didicit, aut consuevit, faciet."

81. "Eludant nunc licet religiones. Quid enim interest, si pulli non pascentur, si ex cavea tardius exiverint, si occinuerit avis? Parva sunt haec; sed parva ista non contemnendo, maiores nostri maximam hanc rempublicam fecerunt."

82. "Vides tu fortuna illos fretos ad Alliam consedisse: at tu, fretus armis animisque, invade mediam aciem."

83. "Militum, etiam sine rectore, stabilis virtus tutata est."

84. *Discorsi*, livro I, cap. 11, § 1: "Lúcio Mânlio, pai de Tito Mânlio, que foi depois chamado "Torquato", havia sido acusado por Marco Pompônio, tribuno da plebe; e antes que viesse o dia do julgamento, Tito foi encontrar Marco e, ameaçando de amassá-lo se não jurasse retirar a acusação contra o pai, obriga-o ao juramento; e aquele, tendo jurado por temor, retirou-lhe a acusação. E, assim, aqueles cidadãos, aos quais o amor à pátria e as suas leis não moderavam na Itália, foram moderados por um juramento que foram forçados a fazer; e aquele tribuno pôs de lado o ódio que ele tinha contra o pai, a injúria que lhe havia feito o filho, e a sua honra, para obedecer ao juramento feito; o que não nasceu de outra coisa do que daquela religião que Numa havia introduzido naquela cidade".

85. "Torquato" vem de "torques", que significa "colar".

86. Texto jamais feito por Maquiavel, não obstante seja possível estabelecer a conexão com alguns capítulos de *O príncipe*, como, por exemplo, o cap. VI, quarto parágrafo: "E deve-se considerar como não há coisa mais difícil de tratar, de êxito mais incerto, nem mais perigosa de manejar do que fazer-se cabeça na introdução de uma nova ordem". Maquiavel morreu com menos de 60 anos, em casa, por causa de um remédio que tomou, segundo um de seus filhos; entre a data provável da redação deste livro III dos *Discorsi* e a sua morte passaram-se ainda 10 anos.

87. Cf. cap. 18 deste livro, último parágrafo.

88. "Nemo hominum, nemo deorum, verecundiam habeat; non edicta imperatorum, non auspicia observentur; sine commeatu vagi milites in pacato, in hostico errent; immemores sacramenti licentia sola se, ubi velint, exauctorent; infrequentia deserantur signa; neque conveniatur ad edictum; nec discernatur, interdiu nocte, aequo iniquo loco, iussu iniussu imperatoris pugnent; et non signa, non ordines servent: latrocinii modo, caeca et fortuita, pro sollemni et sacrata militia sit."

89. "*Giornata*", isto é, "jornada", que tanto pode significar aqui "o dia de batalha", como "a própria batalha". As "pequenas batalhas" que antecederiam a jornada propriamente dita seriam pequenas provas ou testes de força com o adversário; escaramuça.

90. *Mandrágora*, ato IV, cena 1: "Calímaco: Em quanta angústia eu tenho estado e estou! E é verdade que a fortuna e a natureza têm em conta o balanço: uma não te faz jamais um bem sem que ao encontro não surja um mal. Quanto mais me tem crescido a esperança, tanto me tem crescido o temor. Mísero de mim! Será possível que eu nunca viva sem tantas preocupações, e perturbado por esses temores e essas esperanças? Eu sou um navio maltratado por dois ventos diversos, que tanto mais teme quanto mais se aproxima do porto. A simplicidade do senhor Nícia me faz esperançar, a prudência e a dureza de Lucrécia me fazem temer".

91. "Tanti ea dimicatio ad universi belli eventum momenti fuit, ut Gallorum exercitus, relictis trepide castris, in Tiburtem agrum, mox in Campaniam transierit."

92. *Discorsi*, livro I, cap. 23, § 2: "Perdendo, portanto, aquela passagem que tu te tinhas pressuposto manter, e na qual o teu povo e o teu exército confiavam, entra, na maioria das vezes, no povo e no restante de teus soldados, tanto terror que, sem poder experimentar a *virtù* desses, ficas derrotado; e assim vens a perder toda a tua boa fortuna com parte das tuas forças".

93. "Ne eos novum bellum, ne novus hostis terreret."

94. "Qui ob rem parvi ponderis trepidi, in Tiburtem agrum et in Campaniam transierunt."

95. No cap. anterior.

96. "Tum etiam intueri, cuius ductu auspicioque ineunda pugna sit; utrum, qui, audiendus dumtaxat, magnificus adhortator sit, verbis tantum ferox operum militarium expers, an qui et ipse tela tractare, procedere ante signa, versari media in mole pugnae sciat. Facta mea, non dicta, vos, milites, sequi volo, nec disciplinam modo, sed exemplum etiam a me petere, qui hac dextra mihi tres consulatus, summamque laudem peperi."

97. *Discorsi*, livro I, cap. 21, parágrafo final: "Os tebanos Pelópidas e Epaminondas, após terem libertado Tebas e curado-a da servidão do Império Espartano, encontrando-se em uma cidade acostumada a obedecer e em meio a um povo efeminado, não tiveram dúvidas, tanta era a *virtù* deles, em juntá-los sob as armas e com eles ir em campanha contra os exércitos espartanos, e vencê-los; e quem escreve sobre eles conta como esses dois, em breve tempo, mostraram que não somente na Lacedemônia nasciam guerreiros, mas em todas as outras partes onde nascessem homens, desde que se encontrasse quem os soubesse endereçar à milícia, como se vê que Tulo soube endereçar os romanos".

98. Cf. *O príncipe*, cap. XIV: "Os deveres do príncipe para com a milícia".

99. "Vides tu, Aule Corneli, cacumen illud supra hostem? arx illa est spei salutisque nostrae, si eam (quoniam caeci reliquere Samnites) impigre capimus."

100. "Publius Decius tribunus militum conspicit unum editum in saltu collem, imminentem hostium castris, aditu arduum impedito agmini, expeditis haud difficilem."

101. "Ite mecum, ut dum lucis aliquid superest, quibus locis hostes praesidia ponant, qua pateat hinc exitus, exploremus. Haec omnia sagulo militari amictus ne ducem circumire hostes notarent, perlustravit."

102. "*Se Decio non gli avesse saputi e conosciuti*": literalmente, "Se Décio não os soubesse nem conhecesse"; a semelhança entre os significados de "saber" e "conhecer" tornaria a formulação aparentemente repetitiva, a menos que se conceda que Maquiavel queira pontuar aqui

195

a diferença entre um saber teórico, por conjetura, e um saber prático, por experiência.

103. *O príncipe*, cap. XVIII: "De que modo os príncipes devem observar a fidelidade". Também nos *Discorsi*, livro II, cap. 13, § 1: "Eu estimo ser coisa verdadeiríssima que raramente ou jamais aconteça que os homens de pouca sorte alcancem elevados graus sem a força e sem a fraude, a menos que aquele grau ao qual outros chegaram lhe seja ou doado ou deixado por hereditariedade. Nem creio que se encontrará exemplo de que somente a força baste, mas se encontrará bem que somente a fraude bastará; como claramente verá aquele que for ler a vida de Filipe da Macedônia, aquela de Agátocles siciliano e de muitos outros similares, que de ínfima ou pouca sorte chegaram ou a reino ou a grandíssimos impérios".

104. "Quae neque amicos parat, neque inimicos tollit."

105. *Discorsi*, livro II, cap. 23, parágrafo final: "E deve-se fugir totalmente da via do meio, a qual é danosa, como foi aos samnitas quando tinham cercado os romanos nos desfiladeiros de Cáudio, ocasião em que não quiseram seguir o parecer daquele velho que os aconselhou que deixassem os romanos andar honradamente ou que os amassassem a todos; mas, tomando uma via intermediária, desarmando-os e metendo-os sob jugo, deixaram-nos andar plenos de ignomínia e de desdém. De modo que, pouco depois, souberam, com o próprio dano, que a sentença daquele velho havia sido útil e sua deliberação danosa; como se discorrerá no seu lugar apropriado mais plenamente".

106. No cap. anterior.

107. "*De principe*", no original. A formulação atual do título é póstuma; na carta a Vettori, de dezembro de 1513, em que comunica o término do seu "livrinho", intitula-o de "Dei principatibus", isto é, "Dos principados". O trajeto do título, do menos conciso para o mais conciso: *Dos principados* – *Do príncipe* – *O príncipe*.

108. "Rebellasse, quod pax servientibus gravior, quam liberis bellum esset."

109. Frederico, filho do marquês de Mântua, fora entregue a Júlio II como garantia da fidelidade de Mântua à Liga.

110. A batalha ["*zuffa*"] é composta, geralmente, de muitas jornadas ["*giornata*"].

111. Cf. cap. 1 deste livro. E ainda: *Discorsi*, livro I, cap. 33, § 1: "Sobre esse tema do acidente, é de se discorrer, primeiramente, como, quando um inconveniente que surja ou em uma república ou contra uma república, originado de causa intrínseca ou extrínseca, tornando-se tão grande que comece a fazer medo a todos, é escolha muito segura contemporizar com ele do que tentar extingui-lo. Porque quase sempre aqueles que tentam extingui-lo fazem as suas forças maiores e aceleram o mal que daquele se suspeitava. E acidentes similares a esses nascem na república mais propriamente por causa intrínseca do que extrínseca: donde, muitas vezes, deixa-se que um cidadão tome mais força do que é razoável ou se começa a corromper uma lei a qual é o nervo e a vida do viver livre; e deixa-se correr esse erro ao ponto que é escolha mais danosa o querer remediar que deixá-lo seguir. E tanto é mais difícil reconhecer esses inconvenientes quando nascem quanto parece mais natural aos homens favorecerem sempre os princípios das coisas: e tais favorecimentos podem mais do que qualquer outra coisa nas ações que parecem ter alguma *virtù* e que são praticadas pelos jovens. Se, pois, em uma república, vê-se surgir um jovem nobre, o qual tenha em si *virtù* extraordinária, todos os olhos dos cidadãos começam a se voltar para ele e a correr, sem nenhuma hesitação, para honrá-lo: de modo que, se nele há algo de ambição, unido com os favores que lhe dá a natureza e esse acidente, vem súbito em projeção, de modo que, quando os cidadãos se dão conta do seu erro, têm poucos remédios para tratá-lo, e querendo tratá-lo com aquele tanto que eles têm, não fazem mais do que acelerar o seu poder".

112. Personagens com cognomes ou apelidos: Quinto Fábio, também Fábio Máximo; Lúcio Tarquínio, também Tarquínio Soberbo; Tito Mânlio, também Mânlio Torquato, isto é, Mânlio do Colar; Marco Mânlio, também Mânlio Capitolino, isto é, Mânlio do Capitólio; Espúrio Mélio, também Mélio Frumentário, isto é, Mélio do Trigo.

Vozes de Bolso

- *Assim falava Zaratustra* – Friedrich Nietzsche
- *O príncipe* – Nicolau Maquiavel
- *Confissões* – Santo Agostinho
- *Brasil: nunca mais* – Mitra Arquidiocesana de São Paulo
- *A arte da guerra* – Sun Tzu
- *O conceito de angústia* – Søren Aabye Kierkegaard
- *Manifesto do Partido Comunista* – Friedrich Engels e Karl Marx
- *Imitação de Cristo* – Tomás de Kempis
- *O homem à procura de si mesmo* – Rollo May
- *O existencialismo é um humanismo* – Jean-Paul Sartre
- *Além do bem e do mal* – Friedrich Nietzsche
- *O abolicionismo* – Joaquim Nabuco
- *Filoteia* – São Francisco de Sales
- *Jesus Cristo Libertador* – Leonardo Boff
- *A Cidade de Deus – Parte I* – Santo Agostinho
- *A Cidade de Deus – Parte II* – Santo Agostinho
- *O conceito de ironia constantemente referido a Sócrates* – Søren
  Aabye Kierkegaard
- *Tratado sobre a clemência* – Sêneca
- *O ente e a essência* – Tomás de Aquino
- *Sobre a potencialidade da alma – De quantitate animae* – Santo
  Agostinho
- *Sobre a vida feliz* – Santo Agostinho
- *Contra os acadêmicos* – Santo Agostinho
- *A Cidade do Sol* – Tommaso Campanella
- *Crepúsculo dos ídolos ou Como se filosofa com o martelo* –
  Friedrich Nietzsche
- *A essência da filosofia* – Wilhelm Dilthey
- *Elogio da loucura* – Erasmo de Roterdã
- *Linguagem corporal em 30 minutos* – Monika Matschnig
- *Utopia* – Thomas Morus
- *Do contrato social* – Jean-Jacques Rousseau
- *Discurso sobre a economia política* – Jean-Jacques Rousseau
- *Vontade de potência* – Friedrich Nietzsche
- *A genealogia da moral* – Friedrich Nietzsche
- *O banquete* – Platão
- *Os pensadores originários* – Anaximandro, Parmênides, Heráclito
- *A arte de ter razão* – Arthur Schopenhauer
- *Discurso sobre o método* – René Descartes
- *Que é isto – A filosofia?* – Martin Heidegger
- *Identidade e diferença* – Martin Heidegger
- *Sobre a mentira* – Santo Agostinho
- *Da arte da guerra* – Nicolau Maquiavel
- *Os direitos do homem* – Thomas Paine

- *Sobre a liberdade* – John Stuart Mill
- *Defensor menor* – Marsílio de Pádua
- *Tratado sobre o regime e o governo da cidade de Florença* – J. Savonarola
- *Primeiros princípios metafísicos da Doutrina do Direito* – Immanuel Kant
- *Carta sobre a tolerância* – John Locke
- *A desobediência civil* – Henrry David Thoureau
- *A ideologia alemã* – Karl Marx e Friedrich Engels
- *O conspirador* – Nicolau Maquiavel
- *Discurso de metafísica* – G.W. Leibniz
- *Segundo Tratado sobre o governo civil e outros escritos* – John Locke
- *Miséria da Filosofia* – Karl Marx
- *Escritos seletos* – Martinho Lutero
- *Escritos seletos* – João Calvino
- *Que é a literatura?* – Jean-Paul Sartre

CATEQUÉTICO PASTORAL

Catequese – Pastoral
Ensino religioso

CULTURAL

Administração – Antropologia – Biografias
Comunicação – Dinâmicas e Jogos
Ecologia e Meio Ambiente – Educação e Pedagogia
Filosofia – História – Letras e Literatura
Obras de referência – Política – Psicologia
Saúde e Nutrição – Serviço Social e Trabalho
Sociologia

TEOLÓGICO ESPIRITUAL

Biografias – Devocionários – Espiritualidade e Mística
Espiritualidade Mariana – Franciscanismo
Autoconhecimento – Liturgia – Obras de referência
Sagrada Escritura e Livros Apócrifos – Teologia

REVISTAS

Concilium – Estudos Bíblicos
Grande Sinal – REB

PRODUTOS SAZONAIS

Folhinha do Sagrado Coração de Jesus
Calendário de mesa do Sagrado Coração de Jesus
Agenda do Sagrado Coração de Jesus
Almanaque Santo Antônio – Agendinha
Diário Vozes – Meditações para o dia a dia
Encontro diário com Deus
Guia Litúrgico

VOZES NOBILIS

Uma linha editorial especial, com importantes autores, alto valor agregado e qualidade superior.

VOZES DE BOLSO

Obras clássicas de Ciências Humanas em formato de bolso.

CADASTRE-SE
www.vozes.com.br

EDITORA VOZES LTDA.
Rua Frei Luís, 100 – Centro – Cep 25689-900 – Petrópolis, RJ
Tel.: (24) 2233-9000 – Fax: (24) 2231-4676 – E-mail: vendas@vozes.com.br

UNIDADES NO BRASIL: Belo Horizonte, MG – Brasília, DF – Campinas, SP – Cuiabá, MT
Curitiba, PR – Fortaleza, CE – Goiânia, GO – Juiz de Fora, MG
Manaus, AM – Petrópolis, RJ – Porto Alegre, RS – Recife, PE – Rio de Janeiro, RJ
Salvador, BA – São Paulo, SP